CB135497

ficou fácil GABARITAR

ficou fácil **GABARITAR**

MARCUS VINÍCIUS KNUPP BARRETTO

REDAÇÃO

EDITORA RIDEEL

EXPEDIENTE

Presidente e editor	**Italo Amadio**
Diretora editorial	**Katia F. Amadio**
Editorial	**Roberta Karam Ribeiro** **Vanessa Faullame**
Revisão	**Raquel Benchimol Rosenthal**
Fechamento	**Sandra de Nobrega Câmara**
Projeto gráfico	**Sergio A. Pereira**
Diagramação	**Denilson dos Santos**
Impressão	**Impressul Indústria Gráfica Ltda.**

Dados Internacionais de Catalogação na Publicação (CIP)
(Câmara Brasileira do Livro, SP, Brasil)

Barreto, Marcus Vinícius Knupp
Redação / Marcus Vinícius Knupp Barretto. - São Paulo: Rideel, 2013. (Ficou fácil gabaritar)

ISBN 978-85-339-2850-3

1. Serviço público - Brasil – Concursos 2. Língua portuguesa - Composição e exercícios 3. I. Título II. Série

13-0719 CDD 469.8

Índice para catálogo sistemático:
1. Língua portuguesa - Composição e exercícios

EDITORA RIDEEL

ABDR
EDITORA AFILIADA

Av. Casa Verde, 455 – Casa Verde
CEP 02519-000 – São Paulo – SP
e-mail: sac@rideel.com.br
www.editorarideel.com.br

3 5 7 9 8 6 4 2
1 1 1 4

Sumário

Capítulo 1

Tipos de texto

Diversos tipos de texto nos cercam no dia a dia. Em jornais, revistas, livros, internet, *outdoors*, panfletos, encontramos vários tipos de texto, cada um com uma função e uma estrutura diferente. Redações de concurso também são textos com funções e estruturas próprias.

O que pode ser observado nos últimos concursos é que o tipo de texto mais solicitado nas provas de redação é a dissertação argumentativa. Em pouquíssimos concursos há outros gêneros solicitados, como a narração e a dissertação expositiva. Em todos os concursos, sem exceção, a forma solicitada é a prosa.

O primeiro passo do candidato é compreender a estrutura da dissertação argumentativa, seus elementos constitutivos, suas etapas (início, meio e fim, ou introdução, desenvolvimento e dissertação), o que pode e o que não pode estar presente nesse tipo de texto, e as estratégias para redigi-lo.

Em concursos em que se solicitam redações dissertativas argumentativas, as redações receberão nota zero se forem apresentadas em qualquer outra estrutura, dissertações expositivas, narrações, ou qualquer texto em verso. É imprescindível para o candidato que saiba identificar a dissertação e dominar sua estrutura.

Faremos uma breve explanação, neste capítulo, sobre as quatro sequências textuais mais comuns, mas ao longo do livro daremos ênfase na dissertação argumentativa, por ser o tipo mais comum de texto solicitado em concursos públicos de todo o país.

Todos os textos (em prosa ou em verso) podem ser divididos, basicamente, em quatro tipos: descritivos, narrativos, dissertativos (expositivos ou argumentativos) e injuntivos. Há um quinto tipo, o dialogal, mas que raramente aparece em concursos.

O mais comum é que um mesmo texto tenha trechos narrativos, descritivos ou dissertativos. Por isso, a descrição, a narração, a dissertação e a injunção são chamadas de sequências textuais. Quando classificamos um texto em um desses três tipos, estamos nos referindo sempre à sequência predominante. Vejamos como são:

1.1. ESTRUTURA LINGUÍSTICA DAS SEQUÊNCIAS TEXTUAIS[1]

Modo	Descritivo	Narrativo	Dissertativo
Agente	Observador	Narrador	Expositor ou argumentador
Conteúdo	Seres, objetos, cenas, processos	Ações ou acontecimentos	Opiniões, argumentos
Tempo	Momento único	Sucessão	Atemporalidade
Objetivo	Identificar, localizar, qualificar	Relatar	Discutir, informar, expor
Classes de palavras importantes	Substantivos e adjetivos	Verbos, advérbios e conjunções temporais	Conectores
Tempos verbais	Presente ou pretérito imperfeito do indicativo	Presente ou pretérito perfeito do indicativo	Presente do indicativo

1 CARNEIRO, Agostinho Dias. Uma sinopse de uma gramática textual. In: PAULIUKONIS, Maria Aparecida Lino; GAVAZZI, Sigrid. (Orgs.) *Da língua ao discurso*: reflexões para o ensino. Rio de Janeiro: Lucerna, 2005.

1.2. NARRAÇÃO

A narração é um tipo de sequência textual usada em contar histórias, com personagens (humanos ou não), encontrados em determinados locais e em determinada época. A narração é uma sucessão de fatos, de acontecimentos. O texto narrativo é centrado na ação.

Exemplo 1:

Conta-se (...) que certo mercador vivia em próspera condição (...) em muitas terras ele investira, fazendo empréstimos ou contraindo dívidas. Em dada manhã, ele viajou para um desses países, montou um de seus animais, no qual pendurara um alforje com bolinhos e tâmaras que lhe serviriam como farnel, e partiu em viagem por dias e noites, e Deus já escrevera que ele chegaria bem e incólume à terra para onde rumava; resolveu ali seus negócios, ó rei venturoso, e retomou o caminho de volta para sua terra e seus parentes.

(JAROUCHE, M. M. (Org.). *Livro das Mil e Uma Noites.* São Paulo: Globo, 2012. v. 1, p. 56)

Embora o personagem não tenha nome, não se aponte o lugar ou em que época se passa a história, ainda assim personagem, lugar e época estão presentes. Há uma história sendo contada, uma sucessão de acontecimentos, há uma narração em processo. Os textos majoritariamente narrativos são os romances, contos, crônicas, novelas.

1.3. DESCRIÇÃO

A descrição é um tipo de sequência textual que consiste em citar as características físicas de uma pessoa, bicho, coisa ou lugar, ou ainda as características psicológicas de uma pessoa. As descrições são, na verdade, retratos feitos com palavras. Esse tipo de texto ocorre oralmente, por exemplo, quando vítimas de um crime descrevem fisicamente os criminosos (retratos falados), ou por escrito, em classificados que têm por objetivo descrever o imóvel ou automóvel para venda, ou ainda cartazes de pessoas ou animais desaparecidos, que descrevem como é o desaparecido e a roupa que ele usava. Os textos descritivos se assemelham a fotos, imagens, desenhos.

Exemplo:

O saci é um diabinho de uma perna só que anda solto pelo mundo, (...). Traz sempre na boca um pitinho aceso, e na cabeça uma carapuça vermelha.

(...) Tem as mãos furadinhas bem no centro da palma; quando carrega brasa, vem brincando com ela, fazendo ela passar de uma para outra mão pelo furo.

(MONTEIRO LOBATO. *O Saci*. São Paulo: Brasiliense, 2005. p. 186 e 189)

Observe que o trecho em prosa descreve, faz um retrato do saci.

1.4. INJUNÇÃO

A injunção é um tipo de sequência textual que tem o objetivo de instruir alguém a realizar alguma atividade. Os verbos são expressos geralmente no imperativo. Essa sequência raramente se mistura aos demais textos. Sua linguagem tem a função majoritariamente conativa. A ênfase está na segunda pessoa do discurso. Seus exemplos mais comuns são receitas, manuais de instrução e códigos de leis.

Exemplo:

Manual de instruções de instalação e garantia.

Atenção

Leia atentamente as instruções de instalação e garantia, antes de efetuar a instalação do produto.

A instalação deste aparelho deve ser efetuada por pessoas qualificadas;

Nunca conecte dispositivos ou acessórios não indicados neste manual na saída do aparelho. Use somente ducha manual (com mangueira feita de material isolante elétrico) (...)

Manual de instruções de chuveiro, fragmento.

Note os verbos no imperativo, a linguagem direta e denotativa e o objetivo de instruir o comprador a evitar acidentes.

1.5. DISSERTAÇÃO EXPOSITIVA *VERSUS* DISSERTAÇÃO ARGUMENTATIVA

Dissertar, antes de tudo, é expor ideias sobre um determinado tema. Sempre que falamos sobre nossas ideias, opiniões, crenças e certezas, estamos dissertando. Quando expomos nossa opinião sem interesse em persuadir ninguém, fazemos uma *dissertação expositiva*. Quando não apenas expomos nossas ideias, mas também usamos argumentos para defender nosso ponto de vista sobre determinado assunto, com o intuito de convencer (fazer pensar) ou persuadir (fazer agir), estamos realizando uma *dissertação argumentativa*. Neste caso, tudo gira em torno da *tese*. A ideia central que o dissertador defende será explicada, desenvolvida e argumentos serão apresentados para sustentar a tese.

Este livro que agora você tem em mãos é uma grande dissertação expositiva. Os livros didáticos, em geral, e os científicos são dissertações expositivas. Textos religiosos, políticos, filosóficos, particularmente, são dissertativos argumentativos.

Nas provas de língua portuguesa nos concursos exige-se que o candidato saiba reconhecer cada um dos elementos da dissertação, identificar os tipos de argumentos, apresentar os elementos de coesão etc. As questões geralmente levantadas são: qual o objetivo do texto? O autor deixa transparecer a sua opinião, no texto? Qual o ponto de vista do autor do texto? Qual o argumento utilizado para defender determinada opinião? Quais os tipos de argumentos utilizados?

Nas provas de redação que solicitam a dissertação expositiva, o candidato deve expor suas ideias sem necessidade de apresentar argumentos. Nas provas que exigem dissertação argumentativa, também chamada de opinativa, deve haver uma posição bem clara e argumentos que convençam o leitor da tese defendida.

Capítulo 2

Estrutura da dissertação

2.1. A FRASE

Não há consenso entre os gramáticos sobre as definições de frase, oração e período. Enquanto alguns gramáticos, como Bechara, diferenciam frase de oração, outros gramáticos, como Tufano, consideram a oração como um tipo de frase. Não há problema quanto à falta de consenso dos gramáticos para o uso prático desse conhecimento em redação, pois o importante não é decorar conceitos, mas compreender a que eles se referem. Ao longo deste livro, sempre que nos referirmos a frase, oração ou período, seguiremos a definição de Tufano, que é a mais difundida.

Frase é qualquer enunciado pleno de sentido. Qualquer enunciação com o objetivo de comunicar uma ideia.

Ex. 1: Fogo!

Ex. 2: Cuidado!

Ex. 3: Proibido fumar!

Ex. 4: "É preciso amar as pessoas como se não houvesse amanhã!" (Renato Russo)

2.2. A ORAÇÃO

Oração é qualquer frase, na definição de Tufano, ou qualquer enunciado, na definição de Bechara, construído em torno de um verbo. Para haver oração é necessário que haja verbo.

Dessa forma, os exemplos 1 e 2 do item anterior não são orações; já os exemplos 3 e 4 são orações, pois há os verbos "fumar" no exemplo 3 e "É", "amar" e "houvesse", no exemplo 4. Também não há consenso entre os gramáticos sobre a caracterização dos verbos em formas nominais "fumar" e "amar". Alguns gramáticos definem oração como "enunciado com sujeito e predicado" e, contraditoriamente, apresentam orações sem sujeito. Repito que isso não é problema para o uso prático das orações.

Ficaremos, a partir de agora, com a definição de que oração é qualquer frase com verbo.

2.3. O PERÍODO

O período é uma estrutura mais complexa que começa com uma letra maiúscula e termina com um ponto final. Pode ser simples, quando tem um único verbo (uma única oração ou oração absoluta), ou composto, quando tem mais de um verbo (sendo período composto por coordenação ou subordinação). Na parte da gramática em que são vistos os períodos simples e compostos, costuma-se estudar a classificação dos períodos compostos por coordenação ou subordinação. Você deve se lembrar de ter estudado orações coordenadas a outras orações coordenadas, e ainda orações subordinadas a orações principais dentro de períodos compostos.

O período, se bem estruturado, é o "tijolo" da dissertação. Esta se apresenta como o conjunto dos parágrafos que reúnem períodos que servem como elementos para a construção do texto.

O ideal é que cada período apresente uma ideia completa, que se ligue às ideias de outros períodos no mesmo parágrafo e, por conseguinte, em todo o texto. A essa ligação, gramatical ou ideológica, dá-se o nome de *coesão.*

2.4. O TÓPICO FRASAL

Tópico frasal é a ideia central do *parágrafo* exposta num *período* que funciona como núcleo dos períodos secundários. É o período que norteia todos os demais períodos do parágrafo. É o que melhor resume a ideia principal do texto ou do parágrafo. Pode aparecer em narrações, descrições ou dissertações expositivas e argumentativas. Numa dissertação argumentativa, a *tese* se apresenta no tópico frasal da *introdução.*

Segundo as pesquisas do professor Othon Moacir Garcia, que cunhou o termo "tópico frasal" com base no inglês "*topic sentence*", cerca de 60% dos textos em português apresentam o tópico frasal no primeiro período da introdução. Estes casos são conhecidos como de "introdução tradicional". Nos outros 40% dos casos, o tópico frasal pode vir no meio ou no final do parágrafo, ou ainda diluído neste. Veremos nos *tipos de introdução* as diversas formas de inserir o tópico frasal no texto.

2.5. O PARÁGRAFO

O parágrafo é uma parte do texto em que há unidade de sentido ou assunto, ou seja, há uma ideia central (tópico frasal) e períodos secundários que se relacionam ao principal. A marcação do parágrafo no papel se dá por recuo da primeira linha (parágrafo tradicional) ou sem recuo da primeira linha com espaçamento entre parágrafos para indicar onde começa um e termina outro (parágrafo blocado). Em redações de concursos, deve-se sempre usar o parágrafo tradicional, com recuo na primeira linha e sem pular linhas entre um parágrafo e outro.

A função do parágrafo é facilitar a leitura. Já que existem unidades menores no texto, separadas entre si por trazerem distintas ideias centrais, o leitor pode isolar essas ideias principais, perceber onde há mudança de assunto, detectar ideias centrais e secundárias. Da mesma forma que em uma lista de ingredientes de uma receita culinária há a disposição dos elementos em linhas diferentes, separados, um debaixo do outro, para facilitar a sua identificação e contagem, no texto em prosa os conjuntos de períodos com unidade de sentido são separados por parágrafos.

Nas narrativas, há mudança de parágrafo entre os episódios. O núcleo do parágrafo é o incidente. Nas descrições, há mudança de parágrafo quando há mudança de quadro, parte da paisagem a ser descrita. Na dissertação, muda-se de parágrafo quando há mudança de ideias, ou para separar as partes da dissertação (introdução e desenvolvimento em parágrafos distintos dos parágrafos do desenvolvimento).

Para exemplificar todos esses conceitos, leia atentamente o parágrafo de introdução retirado do texto "Diferentes formas de ler", da professora do Departamento de Teoria Literária da Unicamp, Prof.ª Dr.ª Márcia Abreu[2].

Até há alguns anos atrás não se imaginava que as formas de ler pudessem ter se alterado desde que o homem inventou maneiras de registrar conteúdos por escrito e formas de decifrá-los. Imaginava-se que a leitura sempre se fizera como supomos que ela hoje se faz, em silêncio e solitariamente, de modo a favorecer a concentração e o recolhimento. Supunha-se que, em todas as épocas, ler implicava pensar sobre textos e interpretá-los, exigindo habilidades superiores à capacidade para decifrar os sinais gráficos da escrita. Acreditava-se que o contato com os livros foi sempre valorizado por favorecer o espírito crítico, tornando o leitor uma pessoa melhor por meio do contato com experiências e ideias registradas por escrito.

O primeiro período do parágrafo é o tópico frasal, que começa com "Até há alguns ..." e termina com "... decifrá-los." A informação que ele traz é a de que, até há pouco tempo, uma crença errônea circulava: a de que sempre se leu da mesma forma ao longo da história. Nos períodos seguintes, a autora desenvolve o tópico frasal. Demonstra qual crença sobre a leitura circulava, a de que a leitura sempre se fizera em silêncio e solitariamente, que ler exigia interpretação e que o contato com os livros era valorizado. Com base nesse parágrafo inicial, o leitor pressupõe que a autora vá desconstruir essa ideia, e mostrar outras formas de leitura ao longo da história, como a leitura em voz alta e pública, e de fato ela o faz nos parágrafos seguintes, que não foram transcritos.

Vemos que, pela apresentação dos períodos, do tópico frasal e das ideias desenvolvidas, o leitor vai construindo hipóteses durante a leitura, o que facilita a compreensão e a interpretação do texto.

2.6. OS ELEMENTOS COESIVOS

Os primeiros estudos sobre o texto, feito por linguistas alemães, começaram com o estudo da coesão. Nos anos 1960, os linguistas Hartmann e Harweg perceberam que o que tornava os textos considerados como tais eram suas pequenas partes, como frases, orações e períodos, ao se interligarem

2 ABREU, Márcia. *Diferentes formas de ler. Ensaios.* Disponível em: <http://www.unicamp.br/iel/ memoria/Ensaios/Marcia/marcia.htm>. Acesso em: 17 abr. 2013.

entre si, encadeando-se por meio de elementos coesivos ou conectivos: pronomes, conjunções, sinônimos, hipônimos, hiperônimos etc. A essa ligação deu-se o nome de coesão, do inglês *cohere* – aderir, conectar. O texto era descrito como uma frase complexa, com pronominalizações ininterruptas. Com o estudo da coesão, nasceu a linguística textual, ciência que estuda os textos.

Nos anos 1970 e 1980, esse conhecimento chegou ao Brasil, passando a ser cobrado em provas de língua portuguesa de concursos públicos nos anos 1990, intensificando-se no século XXI. Hoje, é raro encontrar bancas de concursos que ignorem esse tema em provas de língua portuguesa. Já em provas de redação, a coesão é um dos critérios de correção e atribuição de notas.

Basicamente, há dois tipos de coesão: a referencial e a sequencial. No primeiro caso, os elementos dados no texto são retomados por sinônimos, pronomes, hipônimos, hiperônimos etc. No segundo caso, o andamento do texto é dado por conjunções.

Em um texto, as frases e os parágrafos estão interligados por meio de elementos coesivos: principalmente pronomes e conjunções. Observe o texto a seguir, extraído de uma seleção de crônicas de Luis Fernando Verissimo,[3] que foi apresentada pela escritora Ana Maria Machado:

O Tinho

Se chamava Fausto (ou Faustinho, ou Tinho), tinha 15 anos e queria ser craque de futebol. Jogava nos juvenis de um clube médio. Jogava bem, mas não o bastante para se destacar dos outros garotos com a mesma idade e o mesmo sonho. Não o bastante para ser notado. Até que um dia *Tinho* se atrasou trocando de roupa depois de um treino e quando viu estavam só *ele* e um homem estranho, de terno escuro, no vestiário. Um homem que ele nunca tinha visto ali antes e que *lhe* deu seu cartão. Um cartão todo preto com uma única palavra, em vermelho: "Diabo".

(Luis Fernando Verissimo)

Observe que o personagem principal do texto, "Tinho", é apresentado como Fausto, seguindo-se seus apelidos. Mais adiante, em itálico, destacamos "Tinho", "ele" e "lhe". As três palavras se referem ao personagem principal,

3 VERISSIMO, Luis Fernando. Sexa. In: *Comédias para se ler na escola. Rio de Janeiro: Objetiva, 2001.*

Tinho, retomando-o. Tais palavras são elementos coesivos, que unem as frases do texto num todo coerente, atribuindo-lhe sentido.

Quando fazemos uma redação, constantemente precisamos retomar o elemento dado, e fazemos isso por meio da repetição da palavra, do uso de sinônimos, hiperônimos, hipônimos, pronomes, epítetos etc.

Exemplos:

É preciso ver televisão com desconfiança, pois **a televisão** não tem compromisso direto com a verdade, mas apenas com a diversão. (coesão por retomada do mesmo termo)

É preciso ver televisão com desconfiança, pois **ela** não tem compromisso direto com a verdade, mas apenas com a diversão. (coesão por pronome)

É preciso ver televisão com desconfiança, pois **esse meio de comunicação** não tem compromisso direto com a verdade, mas apenas com a diversão. (coesão por meio de epíteto)

Nas provas de português de concursos públicos, as questões de coesão costumam cobrar conhecimentos sobre o termo a quem os elementos coesivos (geralmente pronomes, mas também poderiam ser sinônimos e outras palavras) se referem. No segundo exemplo anterior, a pergunta poderia ser: "a quem o pronome "ela" se refere?" ou "que elemento do texto o pronome **ela** retoma?". A resposta seria: "televisão".

Nas redações, é observado pelos leitores / corretores se a coesão foi feita adequadamente, se todos os elementos foram retomados, se existem conjunções e pronomes que ligam os parágrafos entre si e os parágrafos do desenvolvimento ao parágrafo da introdução, assim como se há, no parágrafo de conclusão, elementos coesivos que indiquem ser realmente uma conclusão e não apenas mais um parágrafo qualquer.

Capítulo 3
Partes da dissertação

A dissertação é dividida, tradicionalmente, em três partes: introdução, desenvolvimento e conclusão. Cada uma dessas partes deve apresentar determinados elementos. Recomendar que se faça a redação com essas três partes não se trata de uma "receita de bolo", mas uma recomendação com base na observação dos textos bem escritos. Se uma dissertação não apresentar essas três partes (início, meio e fim), será uma dissertação mal feita. Em concursos, textos mal escritos, sem todas as partes clássicas da dissertação, são penalizados durante a correção.

3.1. A INTRODUÇÃO

Introdução vem do latim *introductio* e conta com dois radicais: *intro* que significa "para dentro" e *ductio*, que significa conduzir. Em outras palavras, introdução significa levar para dentro. Este é o objetivo da introdução, levar o leitor para dentro do texto, apresentar a ele o assunto que será tratado, e, no caso das dissertações argumentativas, apresentar sua tese: a opinião a ser defendida. Não se deve apresentar argumentos nesta parte do texto. É preciso apresentar o tema a ser tratado, situar o leitor no assunto.

Em uma redação contendo cerca de 25 linhas, por exemplo, a introdução é o primeiro parágrafo do texto. Deve ter cerca de 20% do tamanho total da redação (cerca de cinco linhas, segundo o exemplo).

Para uma boa introdução, é importante a realização de três tarefas.

\+ Formulação da tese

\+ Apresentação da tese

\+ Apresentação do roteiro que será seguido ao longo do desenvolvimento

3.1.1. FORMULAÇÃO DA TESE

O texto argumentativo deve ter uma tese a se defender. Pode-se escolher um lado da discussão (contra ou a favor de determinado tema), ou defender um ponto de vista previamente dado pela banca (em alguns concursos não há a opção de escolha de tese, esta já é dada na prova de redação).

3.1.2. APRESENTAÇÃO DO TEMA

O tema é o assunto do qual se vai tratar na dissertação. É dado na prova de redação. Na introdução, o autor pode e deve apresentar esse tema. Não se deve, contudo, copiar palavra por palavra o tema dado na prova, melhor é apresentá-lo com suas próprias palavras.

3.1.3. APRESENTAÇÃO DO ROTEIRO

A apresentação do roteiro que será seguido ao longo do desenvolvimento é uma parte opcional, não é possível aplicá-la em todos os temas, e serve para adiantar ao leitor o que ele vai ler. Isso já prende o seu interesse, devido à sua curiosidade de saber como esse roteiro será seguido, que argumentos serão usados para defender a tese, além de facilitar a compreensão do texto, já que o leitor passa a ler a introdução já sabendo do que se trata o texto, fazendo suas hipóteses enquanto o lê, e dando atenção especial aos elementos do roteiro que foram explicitados na introdução.

3.2. TIPOS DE INTRODUÇÃO

A seguir, apresentaremos sete formas mais comuns de iniciar uma dissertação. Todos os primeiros exemplos foram feitos com base no tema "A presença da tecnologia no cotidiano dos brasileiros", apresentada na prova de redação da Vunesp do concurso para a Polícia Militar do Estado de São Paulo, realizado em 2013.

3.2.1. INTRODUÇÃO TRADICIONAL

Uma maneira prática e eficiente de estruturar o parágrafo e, por conseguinte, começar o texto, é iniciar pelo tópico frasal. Assim, já se apresenta claramente a ideia que se pretende defender. É o modo mais fácil e eficiente de se começar uma redação.

Na introdução tradicional, que aparece em mais da metade dos textos escritos em português, o tópico frasal inicia o parágrafo, seguido de um ou dois períodos que o explica ou "desenvolve" e indicam o que será explicitado, explicado, apresentado ou desenvolvido nos parágrafos seguintes.

Exemplo 1:

As tecnologias podem ser usadas para o bem ou para o mal. A mesma internet que facilita os crimes cibernéticos, o preconceito e a pedofilia também divulga o conhecimento, traz informações e facilita o contato de pessoas distantes geograficamente.

3.2.2. INTRODUÇÃO POR DEFINIÇÃO

Neste tipo de introdução, o tópico frasal se apresenta como uma definição. Se o autor tiver conhecimento suficiente, pode até mesmo mencionar a etimologia da palavra.

Exemplo 1:

Tecnologias podem ser definidas como os conhecimentos e ferramentas criados para facilitar a vida do homem. É cada vez mais comum a presença da tecnologia na vida do brasileiro, tanto para lhe dar conforto quanto para lhe trazer estresse.

3.2.3. INTRODUÇÃO POR DIVISÃO

O tópico frasal apresenta uma divisão com duas ideias que se contrapõem. O autor pode apresentar, dessa forma, seu ponto de vista e o ponto de vista contrário. Nesse tipo de introdução, o autor pode e deve se definir por um dos pontos de vista. Nessa divisão, também podem ser apresentados, além de visões contrárias, duas visões semelhantes do mesmo fato, ou uma situação e outra em que se esperava o contrário.

Exemplo 1:

De um lado, as tecnologias facilitam a vida do brasileiro, como o celular, que o permite estar sempre conectado, e a máquina de lavar, que lhe poupa trabalho doméstico braçal; por outro lado, as tecnologias aumentam o estresse do cidadão, devido à frequente verificação de *e-mails*, atualização incessante das redes sociais e busca constante de informação. É preciso saber usar as tecnologias mas não ser usado por elas.

O tópico frasal apresenta duas visões introduzidas pelos conectivos "De um lado" e "por outro lado". Após a apresentação dessa divisão, o período seguinte apresenta uma tese a ser defendida.

Observe que o exemplo dado mantém as mesmas ideias do exemplo de introdução tradicional, só que com os períodos invertidos. No exemplo da introdução tradicional, o tópico frasal, no início, coincide com a tese, no exemplo da introdução por divisão, a tese vem depois do tópico frasal.

3.2.4. INTRODUÇÃO POR ALUSÃO HISTÓRICA

Uma das funções da história é explicar o mundo de hoje, já que tudo o que existe é resultado de ações dos que viveram antes de nós. Neste tipo de introdução, em vez de o tópico frasal vir no início, começa-se o parágrafo com uma breve narrativa de fatos históricos que expliquem uma situação atual ou comparem a situação atual com a mesma situação em outras épocas.

Assim, numa redação sobre o tema racismo, por exemplo, poderia ser iniciada com períodos que falassem sobre a diáspora africana e a escravidão e as consequências desses problemas ainda nos dias de hoje, como os negros sendo maioria na base da pirâmide social. Numa redação sobre tecnologia, poderíamos falar sobre o uso das tecnologias desde a Pré-História, como machados de pedra, lanças, agulhas, e como foram responsáveis por nossa evolução.

É óbvio que só pode optar por esse tipo de introdução quem tem bons conhecimentos de história, para não se falar besteira. A não ser que os textos motivadores tragam informações que possam subsidiar essa introdução.

Exemplo 1:

As tecnologias vêm há muito tempo facilitando e a vida das pessoas e o progresso da humanidade. Desde as primeiras ferramentas de pedra e osso criadas pelo homem, até as tecnologias mais modernas, facilitaram seu trabalho, sua defesa, e também possibilitaram guerras cada vez mais sangrentas.

Exemplo 2:

"A origem do trabalho doméstico no Brasil é a escravidão. Com o advento da Lei Áurea, de 13 de maio de 1888, o trabalho doméstico continuou a ser exercido majoritariamente por mulheres negras – jovens e inclusive crianças –, vindas das cidades do interior do país para trabalhar nos grandes centros urbanos."[4]

No exemplo acima, é traçado um panorama do trabalho doméstico desde antes do fim da escravidão para mostrar como o serviço é visto até os dias de hoje.

3.2.5. INTRODUÇÃO POR QUESTIONAMENTOS

Consiste em iniciar o texto por meio de perguntas que podem ser respondidas no desenvolvimento. O ideal é que os questionamentos estejam diretamente relacionados com a tese, o tema e os argumentos que serão apresentados.

Exemplo 1:

Como seria a vida hoje sem as tecnologias? O homem moderno viveria da mesma forma ou como o homem primitivo? Já nos tornamos dependentes dela? É inegável o papel das tecnologias no cotidiano do brasileiro. Muitas delas, apesar de facilitar a vida, acabam por gerar mais estresse no dia a dia.

Apresentam-se perguntas e em seguida o tópico frasal e a apresentação do roteiro a ser seguido no desenvolvimento, onde algumas perguntas feitas na introdução podem ser respondidas.

3.2.6. INTRODUÇÃO POR *FLASHES*

A introdução por *flashes* se dá com a enumeração inicial de vários elementos de mesma função, com o tópico frasal apresentado depois. Serve para localizar o leitor no tema, mencionando elementos referentes à ideia central.

---

4 Parágrafo de introdução de autoria de Creuza Maria Oliveira, publicado na Folha de *S. Paulo* em 28-3-2013 e republicado em prova de concurso da Vunesp em 2013.

Exemplo 1:

Rádio. Televisão. Computador. Tablet. Ipod. Smartphone. As tecnologias sempre estiveram presentes na vida do brasileiro, para facilitar seu trabalho ou criar novos problemas.

Em uma redação sobre a presença da tecnologia no cotidiano dos brasileiros, por exemplo, poderíamos iniciar o parágrafo citando aparelhos usados no dia a dia. Em seguida, vem o tópico frasal.

Exemplo 2:

"Branca de Neve, Cinderela, Bela Adormecida, Rapunzel... Você deve conhecer cada uma dessas personagens e, de fato, ter visto inúmeras crianças fantasiadas como tal em festas infantis temáticas. Aliás, você conseguiria se lembrar de, em uma dessas comemorações repletas de cajuzinhos e refrigerante, ter visto uma menina vestida fora do conceito 'tudo rosa'? Mais, conseguiria se recordar de uma criança fantasiada de Helen Keller ou Susan Anthony? Sou impelido a apostar que não."[5]

Neste segundo exemplo, não argumentativo, são citadas personagens de histórias infantis para situar o leitor no tema a ser tratado.

3.2.7. INTRODUÇÃO JORNALÍSTICA

Para atingir seus objetivos de comunicação, os jornalistas costumam usar sequências narrativas e misturá-las a sequências dissertativas em um mesmo texto. Nesse tipo de introdução, inicia-se com uma breve narração sobre fatos relacionados ao tema. Melhor ainda que uma narração é a menção resumida de tal fato. Pode-se mencionar um caso que tenha ficado famoso na mídia. No caso de uma redação sobre o tema redução da maioridade penal, por exemplo, poderíamos iniciar mencionando casos de crimes que ficaram conhecidos em todo país, em que os criminosos eram menores de idade. Em

5 O parágrafo do segundo exemplo é de autoria de Gabriel Sales e está disponível em: <http://literatortura.com/2013/05/24/fotografa-registra-sua-filha-vestida-como-importantes-mulheres-da-historia-ao-inves-de-princesas-disney/>. Acesso em: 23 jun. 2013.

uma redação sobre homofobia e direitos dos *gays*, mencionar uns dos casos de homossexuais mortos ou espancados.

Geralmente nos lembramos de casos de grande repercussão ou de casos que sejam recentes na mídia. Se houver casos narrados nos textos motivadores, eles podem e devem ser mencionados, nunca copiados. É importante lembrar que, em uma redação dissertativa, os trechos narrativos devem ser minoria e servir apenas como suporte à dissertação.

Exemplo 1:

Manifestações são marcadas pelo Facebook, pessoas comuns divulgam seus vídeos na internet feitos com câmeras de celulares. É evidente a importância da tecnologia na vida dos brasileiros.

O tópico frasal é a alusão a um evento recente da história que se relaciona com a tese apresentada no final do segundo período do parágrafo.

3.3. O DESENVOLVIMENTO

O desenvolvimento é o miolo do texto, a parte essencial onde serão apresentados os argumentos, as provas, os dados estatísticos, tudo o que puder comprovar a tese apresentada na introdução. Esta segunda parte do texto pode ser dividida em dois, três ou quatro parágrafos. Deve ter cerca de 60% do tamanho total da redação. Em cada parágrafo, é essencial a presença de uma ideia-núcleo (tópico frasal) com o desenvolvimento deste em períodos subsequentes. Caso tenha sido apresentado um roteiro na introdução, este deve ser apresentado nessa parte que analisamos, e em cada parágrafo deve haver um conectivo que ligue os parágrafos do desenvolvimento à introdução. Outro recurso é apresentar um argumento diferente em cada um dos parágrafos da dissertação, que contarão com esses argumentos como tópico frasal e com outros períodos como embasamento.

Assim como o corpo é maior que a cabeça, o desenvolvimento será maior que a introdução. Se não forem seguidas as etapas do ato de redigir, ele será confuso e desconectado da introdução. Só se deve começar a escrever o desenvolvimento depois que se souber exatamente o que escrever.

O conteúdo do desenvolvimento será visto melhor no Capítulo 4.

3.4. A CONCLUSÃO

O parágrafo final da dissertação, ou parágrafo de conclusão, é essencial para que o texto fique completo. É importante que fique claro que nesse parágrafo há uma conclusão lógica, um encadeamento natural das ideias, relacionando a conclusão a todos os parágrafos anteriores.

Neste ponto, a tese deve ser retomada, desta vez como consequência lógica de tudo o que foi dito anteriormente. Se houver solicitação de que o candidato apresente uma solução para um problema, ela entrará aqui. É bom que a conclusão tenha algo a mais que a retomada da tese, pode ser uma sugestão de solução de um problema previamente apresentado, uma ressalva ou uma reflexão.

A seguir, apresentaremos três tipos de conclusão com base no tema "A presença da tecnologia no cotidiano dos brasileiros", apresentada na prova de redação da Vunesp aplicada no concurso para a Polícia Militar do Estado de São Paulo, realizado em 2013.

3.4.1. CONCLUSÃO COM PROPOSTA DE SOLUÇÃO

É inegável, portanto, que o brasileiro usa mal a tecnologia. É preciso aprender a direcionar a tecnologia para o bem coletivo, utilizá-la para facilitar a vida, não dificultá-la.

3.4.2. CONCLUSÃO COM RESSALVA

É inegável, portanto, que o brasileiro usa mal a tecnologia. Resta-nos saber se o brasileiro está disposto a aprender a utilizar a tecnologia para seu próprio bem.

3.4.3. CONCLUSÃO COM REFLEXÃO

É inegável, portanto, que o brasileiro usa mal a tecnologia. É preciso pensar na forma como cada um de nós utilizamos esses recursos.

3.4.4. CONECTIVOS PARA A CONCLUSÃO

Os conectivos mostram ao leitor que o parágrafo apresentará uma conclusão. Alguns conectivos que podem ser usados são:

"**Portanto**, torna-se evidente que..."

"**Dessa forma**, pode-se concluir que..."

"**Assim**, não haverá..."

"**Logo**, é indiscutível..."

"**Por fim**, podemos chegar à conclusão que..."

"**Nesse sentido**, é possível..."

3.5. O TÍTULO

Embora venha no início do texto, o título deve ser o último elemento criado na redação. Só deve ser criado um título para o texto caso isso seja exigido na prova de redação; se não houver qualquer menção a título na prova, não deverá haver título na redação. Deve-se pular uma linha entre o título e a primeira linha da introdução, contudo, essas duas linhas (título e linha pulada) não entram na contagem de mínimo de linhas para a redação.

O objetivo do título é atrair a atenção do leitor. Deve ser curto, sucinto, apresentar uma síntese sugestiva da redação. Há algumas fórmulas desgastadas que devem ser evitadas. São aqueles títulos usados por vários candidatos que chegam ao clichê, com termos muito genéricos "Tecnologia" ou "Educação", ou a repetição do tema dado na prova, com as mesmas palavras desta, ou perguntas excludentes como "Tecnologia: boa ou má?", ou ainda a utilização de X ou *versus* "Casamento X Liberdade".

Capítulo 4

Elementos da dissertação

4.1. OPINIÃO

Opinião é algo extremamente fácil de ter. Quase todo mundo tem uma opinião formada sobre determinado assunto: lei seca, união civil de homossexuais, existência de vida em outros planetas, redução da maioridade penal, pena de morte etc., e em conversas informais muitos costumam expor suas opiniões e, acuados, sem conseguir defendê-las, costumam dizer: "esta é a minha opinião! Respeite-a!".

Infelizmente, as coisas não são tão fáceis numa dissertação argumentativa. Seria muito fácil escrever em uma ou duas linhas a própria opinião e pedir que esta seja respeitada pelo leitor. Numa redação, contudo, as opiniões apresentadas na introdução devem ser defendidas ao longo do texto, em seu desenvolvimento. Não basta dizer o que pensamos, devemos dizer por que pensamos de tal forma, o que nos leva a ter tal ou tal opinião. Para defender nossas ideias, usaremos os argumentos.

4.2. LIBERDADE DE EXPRESSÃO

Liberdade de expressão é um direito mal compreendido pela sociedade em geral. Segundo a Constituição Federal, art. 5º, IV, "é livre a manifestação do pensamento, sendo vedado o anonimato". Pede-se que a pessoa se identifique, justamente para que possa ser punida por alguma opinião infeliz.

A liberdade de expressão não é, não foi e nunca será plena. Na época em que o Brasil foi governado por militares, a liberdade de expressão era muito restrita. Não se podia falar mal do governo ou defender o comunismo. Hoje, essas proibições não existem mais, apesar disso, há assuntos considerados tabus e opiniões consideradas criminosas.

No dia a dia, não se pode caluniar ou difamar as pessoas sem correr o risco de ser processado. Além disso, ninguém tem a liberdade total de falar o que pensa sobre qualquer assunto. Não se pode defender o nazismo, defender que negros são inferiores aos brancos, defender a escravidão, a pedofilia, a prostituição infantil, fazer apologia ao crime, sem que se assuma as consequências dessa fala. Muitas pessoas já disseram tudo isso antes de você, até que a sociedade pediu um basta. Você tem o direito de pensar o que quiser, falar e defender qualquer opinião, desde que não prejudique a outrem.

Algumas vezes leis são criadas para impedir que se profiram determinadas opiniões. Assim foi com a lei que impede que se profiram declarações racistas. Assim também é o projeto de lei que se impede declarações homofóbicas, o que gerou a revolta de alguns grupos religiosos que exigiam que a liberdade de expressão nesse caso permanecesse. Assim também foi com as primeiras marchas pela legalização ou descriminalização da maconha, que originalmente foram proibidas, acusadas de apologia às drogas, mas liberada depois que a marcha se transformou, ironicamente, em marcha pela "liberdade de expressão".

Num concurso, pede-se bom senso. A princípio, não há exigência de respeito aos direitos humanos, tal como no Enem. Contudo, recomenda-se não falar mal da polícia num concurso para a polícia, nem dos militares num concurso militar, nem defender castigos físicos a crianças num concurso para a área de educação, e assim por diante. Tente pensar que sua redação será lida por uma, duas ou três pessoas que você não conhece e que podem pensar diferente de você. Embora os corretores de redação não atentem para a opinião do redator, que é livre, pode ser que algumas opiniões mais radicais ofendam o seu leitor. Os resultados costumam ser desastrosos.

4.3. IMPESSOALIDADE

A redação dissertativa deve ser impessoal, isto é, os verbos e pronomes devem se referir à terceira pessoa do discurso. Expressões como "Eu acho...",

"Na minha opinião...", dentre outras não devem ser usadas. É óbvio que numa redação dissertativa se espera que o autor expresse sua opinião, não há necessidade de explicitar isso. Durante a correção, esse critério é levado em consideração e pontos serão descontados se houver referências à primeira pessoa, ou linguagem pessoal. Além disso, é muito mais convincente um argumento como "Realizar atividades físicas ajudam a emagrecer" do que "Na minha opinião, eu acho que realizar atividades físicas ajudam a emagrecer". No primeiro caso, trata-se de uma afirmação, no segundo, um "achismo".

4.4. RETÓRICA E ARGUMENTAÇÃO

É impossível falar de persuasão sem retomar a tradição do discurso no mundo clássico. A preocupação com o domínio da expressão verbal surgiu entre os gregos, já que, ao praticar a democracia, sentiam necessidade de expor publicamente suas ideias, e, para isso, precisavam manejar com habilidade as formas de argumentação. Dessa necessidade, nasceram disciplinas que tratavam das artes de domínio da palavra: a eloquência, a gramática e a retórica.

Devido aos constantes exercícios de poder por meio da palavra, surgiram na Grécia Antiga as primeiras sistematizações e reflexões acerca da linguagem. Platão, Sócrates e, principalmente, Aristóteles muito discursaram sobre a linguagem e seu funcionamento. Com Aristóteles veio "A Arte Retórica", um guia para se fazer um texto persuasivo, além de trazer elementos de gramática, lógica, filosofia da linguagem e estilística. Nesse livro, o discurso persuasivo é didaticamente dividido em exórdio, narração, provas e peroração, e, ainda hoje, muitos dos compêndios que ensinam a escrever seguem essa divisão aristotélica. O exórdio é o que modernamente chamamos de introdução. É essencial para apresentar ao leitor do que se vai falar. A narração, que nada tem a ver com o conceito moderno de narração, equivale a um desenvolvimento. É neste ponto que o assunto será desenvolvido. As provas são o momento de apresentar o fundamento dos argumentos apresentados anteriormente na narração. No discurso jurídico, é uma fase essencial. A peroração equivale ao modelo moderno de conclusão ou epílogo. Neste ponto, retoma-se a tese apresentada.

A retórica não tem por objetivo chegar à verdade, mas apenas levar o outro a aceitar uma dada ideia, já que qualquer ideia ou ponto de vista pode ser defendido por meio da argumentação, seja verdadeiro ou não. O próprio fato de permitir a defesa de ideias contraditórias e conflituosas, ou seja, dois pontos de vista opostos, mostra que a retórica não busca a verdade.

Persuadir pode ser visto como um ato autoritário. Um bom exemplo de que persuadir é um ato de enganar é o das propagandas de *outdoors*. Quando se vê a foto de um produto, não se espera na verdade que ele comprado seja exatamente igual ao da fotografia, pois existem recursos de montagem que fazem qualquer produto parecer melhor do que realmente é, e o consumidor quase nunca se dá conta de estar sendo pego por uma mentira. As empresas se defendem com a frase "imagem meramente ilustrativa", ou seja, o que se apresenta na imagem não é necessariamente verdade.

Com o tempo, a retórica deixou de ser arte da persuasão e se tornou um recurso para embelezar um texto, muitas vezes maquiando a insuficiência das ideias: petições de advogados, discursos de formatura e de baile de debutantes, cada qual com sua série de clichês. Ao final do século XIX, a retórica como verniz de estilo encontrou terreno fértil entre os parnasianos, veja-se como exemplo o poema "Profissão de fé", de Olavo Bilac.

Nos últimos anos ocorreu uma verdadeira renovação nos estudos da retórica, desviou-se da tradição aristotélica de a tudo dar nomes, e centrou-se em questões como o estudo das técnicas de argumentação e o das figuras de linguagem. Algumas técnicas comuns são a do raciocínio apodítico, em que se cerca o interlocutor sem dar chances de rebater o argumento (se quer emagrecer, deve tomar o remédio X ou Y), e a do raciocínio dialético, que permite questionamento, aponta mais de uma conclusão possível, mas acaba por indicar a conclusão mais aceitável (você poderia comprar várias marcas de sabão em pó, mas há uma que lava mais branco).

4.5. TIPOS DE ARGUMENTOS

Um argumento é uma declaração embasada em justificativa ou evidência e tem por objetivo convencer ou persuadir o leitor / ouvinte. O argumento é o elemento central da *dissertação argumentativa*, se a dissertação não apresentar argumentos, esta será expositiva.

Há vários tipos de argumentos que podem ser usados em uma dissertação. Podemos dividi-los em três categorias: argumentos por raciocínio lógico, argumentos por evidência e outros tipos de argumentos.

4.5.1. TIPOS DE ARGUMENTO POR RACIOCÍNIO LÓGICO

4.5.1.1. ARGUMENTO DEDUTIVO

Parte-se de uma generalização para se chegar a um caso específico.

Exemplo:

Todas as pessoas muito brancas têm sérias queimaduras se não usarem protetor solar mesmo que pouco tempo no sol. Você é muito branco. Logo, você vai se queimar seriamente se não usar protetor solar.

4.5.1.2. ARGUMENTO INDUTIVO

Parte-se de um fato particular para se chegar a uma generalização.

Exemplo:

Um inocente foi condenado à morte. Se a pena de morte não for abolida, muitos outros inocentes poderão ser condenados.

4.5.2. TIPOS DE ARGUMENTO POR EVIDÊNCIA

4.5.2.1. ARGUMENTO POR FATOS

Diz o adágio popular que "contra fatos não há argumentos". Pode-se dizer que apresentar fatos é a forma mais eficiente de convencer alguém. Um argumento por fatos apresenta antes ou após a declaração um fato de conhecimento geral que não pode ser refutado, já que o próprio ouvinte ou leitor o conhece.

Exemplo 1:

Percebe-se que a Educação vai mal no Brasil quando vemos tantos erros de português em redes sociais, em legendas de TV e até mesmo em revistas e jornais.

A tese de que a educação vai mal é embasada pelo fato de que há muitos erros de português visíveis em redes sociais, TV e jornais. Se o leitor já os constatou, não pode negar a tese.

Exemplo 2:

Muitos brasileiros recorrem aos planos de saúde devido ao péssimo sistema de saúde público.

A tese de que a saúde vai mal é sustentada pelo fato de que muitos brasileiros preferem os planos de saúde. O fato de a saúde pública ir mal é facilmente observável por qualquer brasileiro que já tenha precisado de um hospital público.

4.5.2.2. ARGUMENTO POR EXEMPLIFICAÇÃO OU ILUSTRAÇÃO

Aqui, usam-se casos particulares como exemplos de algo que possa ser generalizado, e assim equivaler a um fato.

Exemplo 1:

Muitos devem se lembrar do caso da estudante de direito que ofendeu nordestinos no Twitter e foi processada. Dizer o que se quer nas redes sociais pode trazer muitas dores de cabeça ao autor da opinião.

No primeiro período, apresentou-se o exemplo; no segundo período, a tese.

A ilustração é um recurso narrativo dentro da dissertação. Conta-se uma pequena história para ilustrar o que se pretende usar como evidência. Se a história contada é real, temos exemplificação ou ilustração real, como no exemplo 1, se é inventada, tem-se a ilustração hipotética, como no exemplo 2.

Exemplo 2:

O trabalhador tem direto de exigir melhores condições de trabalho. Suponha que você seja um médico de hospital público, sem acesso aos materiais necessários, sofrendo agressões dos pacientes, também não lutaria por melhores condições?

O primeiro período traz a tese, o segundo ilustra um caso hipotético.

4.5.2.3. ARGUMENTO POR DADOS ESTATÍSTICOS

Recurso muito utilizado em textos jornalísticos. Obviamente, num concurso, o candidato não poderá citar dados estatísticos de memória, sob o risco de parecer ter conseguido essas informações de forma ilegal durante a prova. O argumento pode ser usado livremente, contudo, se já houver dados estatísticos apresentados nos textos motivadores da redação.

Exemplo:

Segundo o IBGE, 41% da população brasileira é negra, e 7% parda. Nas universidades, os negros são apenas 6% segundo o INEP. É claro que os negros não têm as mesmas oportunidades de acesso ao ensino superior que os brancos.

Nos dois primeiros períodos, há dados estatísticos que embasam a tese apresentada no terceiro e último períodos.

4.5.3. OUTROS TIPOS DE ARGUMENTO

4.5.3.1. ARGUMENTO POR CITAÇÃO OU TESTEMUNHO DE AUTORIDADE

Consiste em citar a ideia de alguém que possa ser considerada autoridade no assunto. Assim, numa argumentação sobre psicologia, pode-se citar Freud, numa argumentação sobre Educação, pode-se citar Paulo Freire. Provérbios também são citações, são a autoridade dos antepassados e a sabedoria dos antigos, passadas de geração a geração.

Nos textos acadêmicos como artigos científicos, dissertações de mestrado ou teses de doutorado, as citações são essenciais para o embasamento dos textos, para demonstrar que as ideias e conceitos não foram inventados, mas concluídos devido ao estudo anterior de muitos especialistas.

Nos textos jornalísticos é comum que sejam citados professores universitários e diversos especialistas e autoridades nos assuntos que estão sendo apresentados. Alguém que estudou profundamente um determinado assunto geralmente tem uma visão mais clara e realista do que alguém que sabe o tema superficialmente e pelo senso comum.

Nas redações de concurso, as citações devem ser feitas apenas se o candidato realmente conhecer o autor e suas ideias, sob risco de não se encaixarem no texto. É bom evitar também citações feitas apenas para passar uma ideia de erudição.

É necessário lembrar duas coisas: primeiro, que qualquer citação deve estar diretamente ligada ao assunto do texto, sob risco de não encaixar e se mostrar incoerente. Segundo, as autoridades não são "deuses inerrantes", podem dizer bobagens e estar errados.

Exemplo:

De acordo com meu cardiologista, o consumo exagerado de gordura animal deve ser evitado, pois faz mal ao coração.

O cardiologista é tomado como autoridade, por ter estudado profundamente o coração e os efeitos nocivos da má alimentação no organismo humano.

4.5.3.2. ARGUMENTO POR ANALOGIA

É apresentado um fato e em seguida feita uma analogia (comparação) entre o fato e o que se pretende defender. Pressupõe-se que algo deve ser tratado de modo igual a outro, se o contexto e a situação são semelhantes. Observe o trecho extraído do livro do professor de Tuberculose e Pneumologia da Faculdade de Ciências Médicas da Pontifícia Universidade Católica de São Paulo. "Nicotina: Droga Universal"[6]:

A nicotina é droga de alta toxicidade. Há mais de um século que vem sendo usada como inseticida contra pragas da agricultura. Nos agricultores que manejam a planta do tabaco os efeitos nocivos da nicotina são agravadas pelos agrotóxicos empregados no cultivo. De longa data citam-se intoxicações crônicas nos que manejam folhas de tabaco, causando lesões nos olhos, pele e no aparelho respiratório.

No primeiro período, temos a tese. No segundo parágrafo a apresentação de um fato: há mais de um século é usada como inseticida, a analogia feita para a argumentação seguida da segunda tese: agricultores que manejam a planta do tabaco os efeitos nocivos da nicotina são agravadas pelos agrotóxicos.

4.6. TIPOS DE FALÁCIAS

Falácias são argumentos falhos que levam a conclusões incorretas. São muito comuns na publicidade e debates de baixo nível. Quase todos os tipos

6 ROSEMBERG, José. *Nicotina*: droga universal. São Paulo: SES/CVE, 2003, p. 20.

de argumentos apresentados têm uma contraparte falaciosa. Assim como se pode usar um argumento de exemplificação, contando um caso particular, outros podem contar uma história que nunca existiu, ou que não se pode provar que realmente aconteceu; a isso se dá o nome de falácia de evidência anedota. Num outro caso, tentando-se usar um argumento por analogia, pode-se cair numa falácia de falsa analogia, se a comparação for mal feita.

A seguir, apresentaremos algumas das falácias mais comuns. Tente evitá-las sempre ao argumentar, seja numa redação ou oralmente em momentos formais ou informais. O uso de falácias demonstra pensamento desestruturado. Uma boa estratégia argumentativa é apresentar as falácias do oponente, quando se estiver contra-argumentando.

4.6.1. FALÁCIA DE APELO À AUTORIDADE

Consiste em supervalorizar o testemunho de autoridade a ponto de pensar que, se uma autoridade tem determinada opinião, então ela é necessariamente verdadeira. Ou então, o que é mais comum, utilizar uma falsa autoridade como defesa de alguma ideia. Boas autoridades são úteis para defender apenas as ideias nas quais são especialistas, assim, pode ser bom citar Freud para defender alguma teoria psicanalítica, ou um gramático para defender tal construção linguística, mas de nada serve citar Freud para defender uma regra gramatical, ou citar um gramático para defender uma teoria da psicanálise. Pode parecer absurdo, mas isso ocorre quotidianamente. Basta observarmos quantos atletas e artistas são levados à TV para, nos comerciais, mostrarem sua autoridade sobre qual o melhor carro ou a melhor marca de refrigerante.

4.6.2. FALÁCIA *AD HOMINEM* (CONTRA O HOMEM)

Consiste em atacar a pessoa e não a ideia. Muito comum em debates políticos. Digamos que um candidato a prefeito, por exemplo, defenda num debate uma opinião qualquer. Caso o oponente diga "como essa ideia pode ser boa, se vem de um homem que traiu a esposa e usou drogas na juventude?", estará, obviamente, fugindo do ataque à opinião e atacando a pessoa. Caso essa mesma opinião viesse de outro político, de passado ilibado, seria uma opinião melhor? Devemos sempre atacar os argumentos, nunca as pessoas que os usam, porque os mesmos argumentos podem vir de qualquer tipo de pessoa.

4.6.3. FALÁCIA *AD BACULUM* OU APELO À FORÇA

Consiste em substituir um argumento por uma ameaça.

Se você votar contra, no referendo do desarmamento, seu filho um dia poderá ser morto por uma arma legalizada.

Se você votar a favor, no referendo do desarmamento, os bandidos saberão que você está desarmado, entrarão em sua casa e matarão seu filho.

Note que em ambos os "argumentos" o objetivo é causar medo no oponente. Argumentos de verdade levam a convencer pela razão, falácias convencem pela emoção.

4.6.4. FALÁCIA *AD MISERICORDIAM* OU APELO À MISERICÓRDIA

Consiste em substituir um argumento racional pela tentativa de causar pena no oponente.

Imagine um réu acusado de assassinato sendo julgado. O advogado se dirige aos jurados e diz: "Se este homem for preso, uma esposa ficará sem seu marido, e duas crianças ficarão longe de seus pais. Este homem sempre foi um bom marido e bom pai..."

Espera-se, com isso, apelar, novamente, para a emoção.

4.6.5. FALÁCIA DA GENERALIZAÇÃO

Ocorre quando se considera geral o que é acidental. Tal falácia ocorre o tempo todo em quase todos os veículos de comunicação. Às vezes, é difícil nos desvencilharmos de tal erro de raciocínio que leva, quase sempre, ao preconceito.

Ora, a todo tempo sabemos de policiais envolvidos em extorsão e recebimento do propina, logo, todos os policiais são corruptos.

Já ouvi muito sobre padres pedófilos, o padre da igreja próxima a minha casa, portanto, deve ser pedófilo.

É desnecessário explicar os problemas que tal falácia pode gerar em um debate qualquer.

Capítulo 5

Análise de textos dissertativos

5.1. ANÁLISE DE REDAÇÕES NOTA 10

A seguir, apresentaremos alguns textos dissertativos para observar seus elementos constitutivos. O ideal seria analisarmos Redações Nota 10 de concursos, mas as redações costumam ser incineradas tempos após os exames e jamais divulgadas. Devido a isso, usaremos textos dissertativos expositivos e argumentativos gerais, que não seguem o tamanho e estrutura rígida das redações, mas apresentaremos também Redações Nota 10 do Enem, já que essas são divulgadas e podem ser usadas para nossa análise. Constituem o exemplo que mais se aproxima do modelo de redação dissertativa dos concursos. As diferenças entre o Enem e os concursos estão basicamente nos critérios de correção, mais leves na avaliação do Ensino Médio do que nos concursos públicos, e na restrição, no Enem, de expressar qualquer opinião contrária aos direitos humanos, o que não existe em concursos.

Vamos analisar o texto que circula na internet, de autoria desconhecida, mas que foi utilizado por Hélio Consolaro no programa da Rádio CBN e também no próprio *blog* desse autor.

Texto 1: Inocência perdida das canções de ninar[7]
(Autoria desconhecida)

Eu, uma brasileira morando nos Estados Unidos da América, para ajudar no orçamento estou fazendo "bico" de babá e estudo. Ao cuidar de uma das meninas, cantei "Boi da cara preta" para ela, antes dela dormir. Ela adorou e essa passou a ser a música que ela sempre pede para eu cantar ao colocá-la para dormir.

Antes de adotarmos o "boi, boi, boi" como canção de ninar, a canção que cantávamos (em Inglês) dizia algo como:

Boa noite, linda menina, durma bem./ Sonhos doces venham para você,/ Sonhos doces por toda noite"... (Que lindo!)

Eis que um dia Mary Helen me pergunta o que as palavras em português da música "Boi da cara preta" queriam dizer em inglês:

"Boi, boi, boi, boi da cara preta,/ pega essa menina que tem medo de careta..."/ Como eu ia explicar para ela e dizer que, na verdade, a música "Boi da cara preta" era uma ameaça, era algo como "dorme logo, senão o boi vem te comer"?

Como explicar que eu estava tentando fazer com que ela dormisse com uma música que incita um bovino de cor negra a pegar uma cândida menina?

Claro que menti para ela, mas comecei a pensar em outras canções infantis, pois não me sentiria bem ameaçando aquela menina com um temível boi toda noite... Que tal... "nana neném que a cuca vai pegar..."

Caramba... outra ameaça! Agora com um ser ainda mais maligno que um boi preto! Depois de uma frustrante busca por uma canção infantil do folclore brasileiro que fosse positiva e de uma longa reflexão, eu descobri toda a origem dos problemas do Brasil. O problema do Brasil é que a sua população em geral tem uma autoestima muito baixa. Isso faz com que os brasileiros se sintam sempre inferiores e

7 CONSOLARO, Hélio. Folha da Região, Araçatuba (SP), domingo, 12-10-2003. Disponível em: <http://www.folhadaregiao.com.br/jornal/2003/10/12/cad208.php>. Acesso em: 4 jul. 2013.

ameaçados, passivos o suficiente para aceitar qualquer tipo de extorsão e exploração, seja interna ou externa. Por que isso acontece?

Trauma de infância! Trauma causado pelas canções da infância. Vou explicar: nós somos ameaçados, amedrontados, encaramos tragédias desde o berço! Por isso levamos tanta porrada da vida e ficamos quietos. Exemplificarei minha tese: Atirei o pau no gato-tô-tô/ Mas o gato-tô-tô não morreu-reu-reu / Dona Chica-ca-ca admirou-se-se/ Do berrô, do berrô que o gato deu/ Miaaau!

Esse clássico do cancioneiro infantil é uma demonstração clara de falta de respeito aos animais (pobre gato) e crueldade. Por que atirar o pau no gato, essa criatura tão indefesa? E para acentuar a gravidade, ainda relata o sadismo dessa mulher sob a alcunha de "D. Chica". Uma vergonha!

Eu sou pobre, pobre, pobre,/ De marré, marré, marré.

Eu sou pobre, pobre, pobre,/ De marré de si./ Eu sou rica, rica, rica,/ De marré, marré, marré./ Eu sou rica, rica, rica, De marré de si.

Colocar a realidade tão vergonhosa da desigualdade social em versos tão doces!! É impossível não lembrar do seu amiguinho rico da infância com um carrinho de controle remoto, e você brincando com seu carrinho de plástico?

Vem cá, Bitu! vem cá, Bitu!/ Vem cá, meu bem, vem cá!

Não vou lá! Não vou lá, Não vou lá!/ Tenho medo de apanhar./

Quem é o adulto sádico que criou essa rima?

No mínimo ele espancava o pobre Bitu...

Marcha soldado,/ cabeça de papel!/ Quem não marchar direito,/ Vai preso pro quartel.

De novo: ameaça. Ou obedece ou se dana. Não é à toa que brasileiro admite tudo de cabeça baixa...

A canoa virou,/ Quem deixou ela virar,/ Foi por causa da fulana/ Que não soube remar.

Ao invés de incentivar o trabalho de equipe e o apoio mútuo, as crianças brasileiras são ensinadas a dedurar e condenar um semelhante. Bate nele, mãe!

Samba-lelê tá doente,/ Tá com a cabeça quebrada./ Samba-lelê precisava/ É de umas boas palmadas.

A pessoa, conhecida como Samba-lelê encontra-se com a saúde debilitada, necessita de cuidados médicos, mas, ao invés de compaixão e apoio, a música diz que ela precisa de palmadas! Acho que o Samba-lelê deve ser irmão do Bitu...

O anel que tu me deste/ Era vidro e se quebrou./ O amor que tu me tinhas/ Era pouco e se acabou...

Como crescer e acreditar no amor e no casamento depois de ouvir essa passagem anos a fio?

O cravo brigou com a rosa/ Debaixo de uma sacada;/ O cravo saiu ferido/ E a rosa despedaçada./ O cravo ficou doente,/ A rosa foi visitar;/ O cravo teve um desmaio, / A rosa pôs-se a chorar.

Desgraça, desgraça, desgraça! E ainda incita a violência conjugal (releie a primeira estrofe).

Precisamos lutar contra essas lembranças, meus amigos!

Nossos filhos merecem um futuro melhor!

(Publicado no boletim da rádio CBN, em 2-10-2003)

Texto 2:

Hélio Consolaro

Recebi de Manuel Raimundo de Souza Jr. (...) o texto de uma notícia interessante veiculada pela rádio CBN. Outro e-mail atribui a autoria do texto à poetisa de Araçatuba Vilmara Bello, que mora em Londres. (...) Internautas não valorizam a autoria dos textos, por isso não se sabe quem é o verdadeiro autor dele. A crônica mostrava a linguagem politicamente incorreta das canções de ninar do Brasil e como suas letras formam a baixa autoestima das crianças.

A autora (ou autor) do texto, que trabalha como babá em Londres, ficou com vergonha de traduzir as letras para a criança de quem cuidara, pois as canções de ninar inglesas são suaves e falam de coisas bonitas, enquanto as nossas ameaçam a criança que não quer dormir com boi da cara preta, cuca e caretas.

Na verdade, a autora (ou autor) confundiu a classificação de algumas canções, classificando-as como de ninar. "Atirei o pau no gato", por exemplo, é cantiga de roda. Outro erro da autora, mais grave, foi ignorar a cultura brasileira e que as histórias das canções de ninar brasileiras eram cantadas por escravas (mucamas) aos filhos da sinhá.

A bem da verdade, ela não amava aquela criança. O seu trabalho era forçado, feito sem amor. E se escravos eram espancados, perseguidos, numa sociedade repressora ao extremo, as canções de ninar não podiam ser muito diferentes. Cada pessoa doa o que recebe.

Se as canções de ninar eram cantadas aos filhos dos senhores, não causaram efeitos maléficos, pois não considero que a elite econômica do Brasil tenha baixa autoestima. Aliás, ela tem mesmo é o nariz bem empinado.

Essa discussão é semelhante àquela da influência dos filmes de violência exibidos pela tevê, se deixa ou não a criança violenta. Na verdade, quem deixa a criança violenta é a própria sociedade que a circunda, da qual ela é testemunha.

Apesar de a análise apresentada pelo texto ser bem feita, com inteligência, seu autor sofisma quando não considera os aspectos históricos, ignorando os componentes da nossa cultura e da alma dos brasileiros.

Há na autora (ou autor) o deslumbramento de brasileiro por aquilo que é estrangeiro. Não podia ser diferente, pois ela foi tentar a vida lá fora, não teve as oportunidades aqui. Embora a tendência do brasileiro que more por algum tempo exterior seja valorizar o Brasil.

E, por último, quero dizer que apesar da linguagem politicamente incorreta de nossas canções de ninar e de roda, às vezes, com incentivo à violência, ensinando a maltratar os animais, não se educaram aqui George W. Bush nem Tony Blair.

Comentários sobre os textos:

Os dois textos apresentados são dissertações argumentativas livres, isto é, textos que defendem ideias por meio de argumentos, mas seguem estruturas livres, diferentes das redações de concursos, justamente por não terem sido feitas com esse propósito.

O texto 1 defende a tese de que "o brasileiro tem uma autoestima muito baixa devido a traumas causados por canções da infância". A tese não é apresentada na introdução. O texto é iniciado com uma longa sequência narrativa: a autora narra um acontecimento, em Londres, que a motivou a escrever o texto, a dissertar sobre as canções infantis do folclore brasileiro e a defender sua tese de que elas são nocivas às crianças. O que há de melhor nesse texto é o sistema de argumentação e exemplificação. A autora defende que as canções infantis são negativas e cita diversos exemplos dessas canções. O texto 2 está mais de acordo com o padrão do texto dissertativo, é mais bem estruturado e embasado. O texto 2 funciona como um contratexto ao texto 1, defende ideias opostas, contrárias às do texto 1. O autor do texto 2 levanta alguns argumentos para derrubar a tese defendida pela autora do primeiro texto:

a) **Argumento por fato.** As cantigas de ninar não causam baixa autoestima nas crianças. **Fato:** nossa elite econômica não tem baixa autoestima, tem, na verdade, o nariz bem empinado.

b) **Argumento por analogia.** As canções de ninar não deixam nossas crianças com baixa autoestima, da mesma forma que filmes violentos não deixam as crianças violentas.

c) **Argumento por fato:** É preciso analisar os aspectos históricos. As canções de ninar foram criadas por mentes de mães doentias, mas por mucamas que não amavam as crianças de quem cuidavam.

d) **Argumento *ad hominem*:** A autora é deslumbrada como todo brasileiro que vai tentar a vida no exterior. Esse tipo de "argumento" consiste em atacar o autor da ideia em vez de atacar a ideia. Em debates formais, tal tipo de atitude é desencorajada, e tal argumento é classificado na verdade como uma falácia, isto é, um erro de argumentação.

e) **Argumento por fato:** no caso de nossas canções serem violentas e as estrangeiras serem cândidas, não significa que brasileiros se tornarão violentos e estrangeiros serão cândidos e pacíficos. **Fato:** George Bush e Tony Blair não foram educados com canções violentas como as nossas, mas com canções puras e pacíficas dos folclores inglês e americano. O texto foi escrito na época da guerra contra o Afeganistão.

Como visto, há diversas formas de argumentar: por analogia, por evidência, e outros não apresentados no texto, mas simples, como o uso de dados estatísticos, pesquisas científicas etc.

O ideal, num texto dissertativo argumentativo, é que a redação não seja um amontoado de "achismos", de opiniões infundadas. O autor deve embasar suas opiniões com argumentos, sejam eles quais forem.

Maioria dos homens só procura o médico por influência da mulher ou de filhos, revela pesquisa[8]

5-7-2013 – 15h35

Fernanda Cruz

Repórter da Agência Brasil

São Paulo – Um levantamento do Centro de Referência em Saúde do Homem de São Paulo mostra que 70% das pessoas do sexo masculino que procuram um consultório médico tiveram a influência da mulher ou de filhos. O estudo também revela que mais da metade desses pacientes adiaram a ida ao médico e já chegaram com doenças em estágio avançado.

Entre as justificativas apresentadas pelos homens entrevistados estão a falta de tempo, o preconceito e a sensação de invulnerabilidade às doenças. Os pacientes relataram que só cederam aos apelos dos parentes quando a dor ou o incômodo passou a atrapalhar muito a rotina.

Segundo o médico urologista e coordenador do centro, Joaquim Claro, em muitos casos, a demora em buscar ajuda foi tão grande que o paciente

8 Disponível em: <http://agenciabrasil.ebc.com.br/noticia/2013-07-05/maioria-dos-homens-so-procura-medico-por-influencia-da-mulher-ou-de-filhos-revela-pesquisa>. Acesso em: 11 jul. 2013.

precisou passar por uma intervenção cirúrgica. "O homem precisa manter cuidados mínimos realizando *check ups* de forma periódica, pelo menos uma vez ao ano. Isso porque, com o envelhecimento, os problemas começam a ser, se não mais frequentes, pelo menos mais preocupantes", disse.

O médico destacou que exames de rotina e consultas precisam ser mais frequentes principalmente a partir dos 40 anos. Após essa idade, as patologias mais comuns são câncer de próstata, problemas nos rins e na bexiga que podem levar ao câncer, alterações hormonais, cálculos renais e crescimento benigno da próstata.

Edição: Juliana Andrade

Comentários sobre o texto:

O texto apresentado na reportagem da Agência Brasil é um texto jornalístico, o que pode ser percebido pela fonte e pelo estilo. Jornalistas costumam embasar seus textos com citações de especialistas no assunto sobre o qual escrevem, pessoas que são entrevistadas antes de redigirem o texto. No primeiro parágrafo, há a referência a uma pesquisa que revelou que "70% das pessoas do sexo masculino que procuram um consultório médico tiveram a influência da mulher ou de filhos". O tema do texto é "falta de tempo, o preconceito e a sensação de invulnerabilidade às doenças".

O terceiro parágrafo fala sobre uma das preocupações dos especialistas: a demora em buscar ajuda. O quarto parágrafo traz informações positivas sobre a importância dos exames de rotina e informações negativas sobre as doenças que podem ser agravadas no caso de o paciente não desenvolver o hábito de agendar consultas com regularidade, principalmente aqueles que já passaram dos 40 anos de idade.

Vimos em capítulo anterior sobre algumas estratégias de argumentação. Podemos convencer nossos oponentes de diversas formas. Uma das formas é a intimidação: conhecida também como falácia *ad baculum*, consiste em causar medo na pessoa a convencer. Quando queremos convencer alguém a parar de fumar, por exemplo, podemos dizer que poderá ficar impotente ou ter um derrame e terminar sua vida numa cadeira de rodas. Causaremos medo nela e poderemos convencê-la. Tal é a estratégia usada no texto com a bebida alcoólica.

Outra estratégia apresentada nas opções é a sedução: encantar a pessoa oferecendo-lhe a possibilidade de usufruir de prazeres diversos. Tal estratégia é muito utilizada pela propaganda. A palavra "sedução" é mais conhecida como encantar pessoas oferecendo-lhe prazer sexual, contudo, a sedução não se restringe ao sexo.

A estratégia da elitização consiste em colocar a pessoa a convencer numa elite um restrito grupo de pessoas "superiores" em algo. Pode-se fazer isso quando, por exemplo, dizemos: "qualquer pessoa inteligente concordaria com isso". Ora, como todos desejam ser inteligentes (fazer parte dessa elite, portanto), a pessoa poderia se fazer convencer para não ser tomada como burra.

A estratégia do constrangimento consiste em envergonhar a pessoa para convencê-la. Se queremos convencer alguém a não usar determinada roupa, poderíamos dizer-lhe que ficaria ridícula vestida com ela.

Tais estratégias são consideradas falácias: argumentos incorretos que apelam para a emoção e não para a razão. Desaconselháveis em redações, são extremamente comuns em debates do dia a dia.

5.1.1. REDAÇÕES NOTA 10 DO ENEM

Observe agora como alguns candidatos ao Enem, seguindo esse tema apresentado, obtiveram nota 10 em suas redações.

Para exemplificar a etapa seguinte, vamos utilizar algumas das redações nota dez desse tema, disponível no site do Enem (disponível em: <www.enem.inep.gov.br>). O autor é desconhecido. A redação não é perfeita, mas conseguiu a nota máxima.

Benefícios da leitura

Como a leitura pode transformar nossa realidade? A leitura é extremamente importante, não apenas por ser fundamental em nossa formação intelectual, mas também por permitir a todos um acesso a um mundo de informações, ideias e sonhos. Sim, pois ler é ampliar horizontes e deixar que a imaginação desenhe situações e lugares desconhecidos e isto é um direito de todos.

A leitura permite ao homem se comunicar, aprender e até mesmo desenvolver, trabalhar suas dificuldades. Em reportagem recente, uma grande revista de circulação nacional atribuiu à leitura, (sic) a importância de agente fundamental para a transformação social do nosso país. Através do conhecimento da língua, todos tem (sic) acesso à informação e são capazes de emitir uma opinião sobre os acontecimentos. Ter opinião é cidadania e essa parte pode ser a grande transformação social do Brasil.

Os benefícios da leitura são cientificamente comprovados. Pesquisas indicam que crianças que tem (sic) o hábito da leitura incentivado durante toda a vida escolar desenvolvem seu senso crítico e mantém (sic) seu rendimento escolar em um nível alto. O analfabetismo, um dos grandes obstáculos da educação no Brasil está sendo combatido com a educação de jovens e adultos, mas a tecnologia está afastando nossas crianças dos livros.

Permitir a uma criança sonhar com uma aventura pela selva ou imaginar uma incrível viagem espacial são algumas das mágicas da leitura. Ler amplia nosso conhecimento, desenvolve a nossa criatividade e nos desperta para um mundo de palavras e com elas construímos o que gostamos, o que queremos e o que sonhamos.

Portanto, garantir a todos o acesso à leitura deve ser uma política de Estado, mas cabe a nós dedicarmos um tempo do nosso dia a um bom livro, incentivar nossos amigos, filhos ou irmãos a se apegarem à leitura e acima de tudo utilizar nosso conhecimento para fazer de nossa cidade, estado ou país, um lugar melhor para se viver.

Comentários sobre o texto:

Na introdução, o autor inicia com uma *introdução por questionamentos.* Há a pergunta: "Como a leitura pode transformar nossa realidade?", respondendo em seguida com a sua tese: "A leitura é extremamente importante..." e, em seguida diz o porquê de pensar assim: "... não apenas por ser fundamental em nossa formação intelectual, mas também por permitir a todos um acesso a um mundo de informações, ideias e sonhos". Terminando com uma ratificação do que disse: "Sim, pois ler é ampliar horizontes e deixar que a imaginação desenhe situações e lugares desconhecidos e isto é um direito de todos".

No desenvolvimento, o autor retoma os porquês apresentados na introdução, aprofundando-os. Para defender seu ponto de vista, recorre a uma reportagem de revista de grande circulação nacional (segundo parágrafo) e a pesquisas (terceiro parágrafo).

A conclusão se inicia com uma conjunção conclusiva (portanto). O autor, nesse caso, não reapresenta a tese explicitamente, faz melhor, conclui que, por ser a leitura tão importante (tese) é dever do Estado garantir a todos o acesso à leitura e a todos nós incentivar nossa família a ler.

A redação que você lerá a seguir é outra das redações nota 10 no Enem 2006. O nome do aluno que a escreveu não foi informado. A redação não é perfeita, possui falhas, mas conseguiu responder às expectativas da banca.

Ler para compreender

Vivemos na era em que para nos inserir no mundo profissional devemos portar de boa formação e informação. Nada melhor para obtê-las do que sendo leitor assíduo, quem pratica a leitura está fazendo o mesmo com a consciência, o raciocínio e a visão crítica.

A leitura tem a capacidade de influenciar nosso modo de agir, pensar e falar. Com a sua prática frequente, tudo isso é expresso de forma clara e objetiva. Pessoas que não possuem esse hábito ficam presas a gestos e formas rudimentares de comunicação.

Isso tudo é comprovado por meio de pesquisar (sic) as quais revelam que, na maioria dos casos, pessoas com ativa participação no mundo das palavras possuem um bom acervo léxico e, por isso, entram mais fácil no mercado de trabalho ocupando cargos de diretoria.

Porém, conter um bom vocabulário não torna-se (sic) o único meio de "vencer na vida". É preciso ler e compreender para poder opinar, criticar e modificar situações.

Diante de tudo isso, sabe-se que o mundo da leitura pode transformar, enriquecer culturalmente e socialmente o ser humano. Não podemos compreender e sermos compreendidos sem sabermos utilizar a comunicação de forma correta e, portanto, torna-se indispensável a intimidade com a leitura.

Comentários sobre o texto:

Na introdução tradicional, o primeiro período é o tópico frasal, e a tese é a de que ser um leitor assíduo é a melhor forma de obter informação, melhorar o raciocínio e a visão crítica.

No segundo parágrafo, o primeiro período é o tópico frasal e resume todas as ideias do parágrafo. No terceiro parágrafo, o autor usa pesquisas que comprovam suas ideias e um argumento usado é o de que com esse "bom acervo" é mais fácil entrar no mercado de trabalho.

No último parágrafo, o de conclusão, o conectivo "Diante disso tudo" resume tudo o que foi dito anteriormente, conectando este parágrafo a todos os outros. A conjunção conclusiva "portanto" aparece no meio do parágrafo.

Vejamos redações com nota máxima no Enem 2012, cujo tema foi "O movimento imigratório para o Brasil no século XXI".

Redação ENEM 2012 nota 1000

Autor: Matheus Drummond Pereira

Antigamente, o Brasil era um país de emigração. Em função de seus gargalos econômicos de infraestrutura e mão-de-obra, muitos brasileiros viam as condições de permanência no país insustentáveis. Atualmente, no entanto, há uma tendência imigratória, tanto de retorno desses conterrâneos quanto de outros povos que, em virtude da conjuntura mundial caótica, veem na primeira letra dos BRICS uma nova página em suas vidas. Contudo, os gargalos se mantêm e essa nova onda migratória acentua-os, aumentando o superpovoamento relativo do país. Como solucionar essa questão?

Nosso país, ainda não acostumado com a situação, tem tomado medidas bastante brandas e acolhedoras, visando legalizar muitos dos imigrantes, mas ao mesmo tempo negligente. Ao adotar essa postura, a diplomacia brasileira demonstra-se permeável à entrada dos mesmos, mas não cria uma infraestrutura para receber essas pessoas como quando no século XIX, na expansão cafeeira. De fato, esses recém-chegados são deixados a (sic) mercê de si mesmos e passam a disputar a já escassa disponibilidade de recursos, principalmente nas metrópoles nacionais.

Como consequência, surgem tensões externas e internas. A formação de fronteiras-problema, presentes no Norte e Centro-Oeste, demandam a mobilização do exército para o controle dos conflitos e do corpo diplomático brasileiro para dialogar com os outros países. Internamente, ocorre o inchaço urbano e, como muitos desses imigrantes não são qualificados, o aumento do trabalho informal e da marginalidade, formando até redes de tráfico e de prostituição, e no futuro a formação de sociedades paralelas a nossa, os guetos. Isso cria uma crise interna para a população autóctone que, com uma postura que amparasse seu povo, o governo poderia evitar o agravamento da situação, mas não o faz.

Apesar desses fenômenos, essa onda tem trazido, principalmente da Europa, que está em crise, mão-de-obra bastante qualificada para trabalhar nas grandes empreses nacionais e transnacionais no país. Esse acontecimento, porém, não é bom para o empregado brasileiro e nem para o seu governo, pois aumenta-se assim uma concorrência desnecessária, uma vez que, primeiramente, o Estado deve zelar por seu cidadão. Com isso, agrava-se a perspectiva negativa no âmbito social do país sobre o futuro Brasil.

Tendo esse quadro cada vez mais presente, o Brasil precisa frear essa crescente imigração em prol de sua sociedade. De modo que evitem-se tensões futuras de caráter xenofóbico. Além disso, precisamos realmente integrar os imigrantes para serem cidadãos e não um estorvo social. Para tanto, deve-se criar cotas máximas de imigrantes no trabalho e regularizar e encaminhar ara serviços dignos os que não possuem qualificação laboral, auxiliando-os através de uma "bolsa de reiniciação". Assim, protegeremos nosso povo, mas ao mesmo tempo mostraremos que o Brasil pode, e deve ser, "país de todos".

Comentário:

O tema da prova de Redação de 2012 do ENEM foi "o movimento imigratório para o Brasil no século XXI". Houve dois textos de apoio, um sobre a imigração para o Brasil, de forma geral, e outro especificamente sobre a imigração de bolivianos e haitianos.

O candidato usa um tópico frasal simples, apresentando que o Brasil era um país de emigração. Usando os advérbios "Atualmente" e "Antigamente", antepõe as duas realidades distintas do país, ontem e hoje. Aproveitou ainda a introdução para apresentar a causa da imigração (a conjuntura caótica), um problema derivado da imigração e um questionamento.

No desenvolvimento, o autor apresenta os problemas: o país é permissivo na entrada de estrangeiros e não dá infraestrutura para os mesmos, a concorrência desleal entre o imigrante europeu bem formado e o brasileiro.

A introdução usada pelo candidato foi a com apresentação de solução, que é uma exigência do ENEM. Primeiro, apresentou sua tese: o governo deve frear a imigração, depois, as soluções para o problema: cotas e regularização.

Redação ENEM 2012 nota 1000

Autora: Thamires Rocha de Melo

Braços abertos sobre a Guanabara

É indiscutível o aumento dos números imigratórios para o Brasil neste século. A busca por esse país é entendido por fatos políticos, históricos e principalmente econômicos. Assim, a chegada de pessoas nesse território pode ocasionar tensões sociais, porém contribui para elevar a diversidade étnica e a riqueza cultural. Vê-se, então, que há duas faces nesse contexto que devem encontrar o equilíbrio.

O movimento imigratório em direção ao Brasil cresce pelo fato da economia brasileira estar em um momento de ascendência. Indivíduos que não encontram opções de trabalho e sobrevivência nos seus países de origem migram em busca de condições favoráveis para melhorar ou manter seu padrão de vida. Esse é o caso dos europeus que fogem da crise socioeconômica em seu continente e pintam um quadro inverso ao de um século atrás quando a evasão partia do Brasil.

Além disso, o Brasil é conhecido pelo seu excelente recepcionamento, já que seus costumes são constituídos da incorporação de outros, como feito pelo movimento antropofágico da semana de arte moderna de 1922, há 90 anos. Essa característica possibilita uma maior identificação entre os brasileiros e outros povos, pois há uma proximidade entre eles, como por exemplo, os pratos típicos do sul que têm raízes alemãs, suíças, entre outros, ou até mesmo as comemorações, como a Oktober Fest que também é alemã e atrai pessoas de todo o país.

Por outro lado, há uma preocupação com a postura governamental, pois o Brasil tem um histórico de submissão e alinhamento com alguns países cuja política é forte no mundo. Isso poderia gerar um favorecimento dos imigrantes ante os cidadãos brasileiros, como pela contratação dos primeiros como engenheiros, médicos e empresários para ocupar cargos altos e de confiança. Essa problemática seria um potencial para gerar casos de xenofobia no território, sendo necessário o apoio público na preferência meritocrática por trabalhadores brasileiros.

Dessa forma, observa-se que a imigração tem pontos positivos e negativos. Apesar de incrementar social e culturalmente o Estado brasileiro, esse movimento pode fomentar distorções da visão de mundo e disputas entre as populações. Por isso, é necessário um forte e eficaz controle da entrada de imigrantes, para que esses sejam recebidos e atendam os vácuos trabalhistas deixados pelo povo local, porém atentando aos limites de uma economia ainda em desenvolvimento. Isso pode ser feito com uma análise de vistas e supervisão de fronteiras com grande fluxo de pessoas. Assim, poderá dizer-se sempre que o Brasil, assim como seu maior monumento, está de braços abertos para o mundo.

Comentário:

A candidata optou por uma introdução tradicional, em que apresenta o problema: a imigração, a causa pela escolha do Brasil pelos imigrantes: fatores sociais e econômicos, e, por fim, faz uma divisão, apresentando a imigração como algo que pode ser bom ou ruim.

No desenvolvimento, a autora elabora a causa apresentada: o estrangeiro busca o Brasil devido a problemas de seu país de origem e devido ao desenvolvimento econômico do nosso país. No parágrafo seguinte, fala sobre a receptividade do brasileiro ao que é estrangeiro, e apresenta o que é bom na imigração: a riqueza cultural do Brasil e, como exemplos, a riqueza cultural do Sul, devido à imigração alemã no passado. Após apresentar os prós, no parágrafo seguinte, a candidata apresenta os contras: o risco de o trabalhador brasileiro ficar desprotegido frente à concorrência de estrangeiros.

O período que inicia a conclusão resume tudo o que foi dito anteriormente, os prós e os contras. Em seguida, a candidata apresenta soluções ao problema: controle de imigração e supervisão de fronteiras.

Redação Enem 2010 nota 1000

Autor: Alisson Andrade

O trabalho na construção da dignidade humana

Depois de inúmeras mudanças na sociedade, vive-se, hoje, um momento em que há, por parte de muitas pessoas, uma crescente busca pela realização profissional. Para elas, a profissão, muitas vezes, pode ter um grande significado na construção de sua identidade. Há, porém, aquelas pessoas que, sem ter escolha, aceitam qualquer trabalho como forma de sobrevivência, submetendo-se, assim, à desvalorização da sua humanidade.

O Brasil é um país que vem crescendo, principalmente nas últimas décadas. Essa crescente evolução traz uma tendência trabalhadora ao povo, que, por querer acompanhar o desenvolvimento, busca, cada vez mais, melhores empregos e salários, a fim de viver mais e melhor. Observa-se, nesse contexto, que o trabalho ganhou um valor de dignificação, já que, hoje, o fato de ter um emprego gera condições para uma boa vida.

Embora se observe esse grande desenvolvimento na nação brasileira, muitos defeitos permanecem inseridos nela. Alguns deles são a concentração de terras nas mãos de poucos e a enorme desigualdade social. Ambos favorecem a existência de pessoas que são obrigadas a se submeterem a trabalhos escravos, por exemplo.

Sabendo, portanto, da importância do trabalho na vida das pessoas e dos contrastes existentes no Brasil, deve-se tomar consciência de que o governo precisa dar mais atenção aos menos favorecidos financeiramente. Projetos sociais como o Bolsa Família ajudam, mas o que deve ser feito, na verdade, é investir mais em educação, buscando, assim, erradicar a miséria e a existência do trabalho desumano. Além disso, provavelmente, uma reforma agrária contribuiria para diminuir a desigualdade social, que é uma realidade que contribui para a existência desse tipo de escravismo.

Comentário:

Nesta redação, o candidato optou por uma introdução tradicional, onde apresentou a realidade do trabalho no Brasil: enquanto o crescimento econômico faz com que muitos busquem melhores empregos, ainda há aqueles que aceitam qualquer trabalho.

No desenvolvimento, o autor explica a que se referia, exemplificando como trabalho escravo, que ainda existe devido aos latifúndios e desigualdades sociais. Para cada problema apresentado, o autor menciona sua causa e, no parágrafo de conclusão, apresenta suas soluções: investimento em educação e reforma agrária.

Capítulo 6

Etapas do ato de redigir

Redigir não consiste em ler os textos de motivação e escrever outro texto, entregando-o em seguida. A não ser que você seja um profissional da escrita e pratique o hábito de escrever diariamente, qualquer texto feito de improviso e sem um planejamento sairá desorganizado e confuso. Seu texto será mal escrito, mal estruturado, não contará com todos os elementos constitutivos e será penalizado durante a correção. Por isso, o ideal é seguir as nove etapas da redação.

6.1. PRIMEIRA ETAPA: INTERPRETAÇÃO DO TEMA

Leia com calma, mais de uma vez, os textos de motivação e o texto de explicação. A partir deles você retirará as ideias para seu roteiro. Lembre-se de que uma interpretação equivocada pode levá-lo à fuga do tema. Os textos de motivação, como o próprio nome diz, devem ser apenas para motivar o leitor, nunca para serem copiados.

6.2. SEGUNDA ETAPA: DEFINIÇÃO DA TESE

Escolha a opinião que será defendida. Identifique se a tese já foi dada na prova ou se o candidato deve escolher a própria tese. Teses absurdas, preconceituosas ou ridículas, obviamente, devem ser evitadas.

6.3. TERCEIRA ETAPA: TEMPESTADE DE IDEIAS

Faça uma lista de tudo o que vier à sua cabeça sobre o tema, todo tipo de argumentos, frases soltas, palavras. É isso o que se chama de *brainstorm* ou tempestade de ideias. Lembre-se de que você tem pouco tempo para fazer sua redação e não se pode dar ao luxo de registrar com frases completas, já que o pensamento é mais rápido que a escrita.

Não se preocupe com lógica ou correção gramatical nesta etapa. Seja rápido, preciso, coeso, profundo. Tente ir além das ideias superficiais ou do senso comum.

6.4. QUARTA ETAPA: ROTEIRO E SELEÇÃO DE IDEIAS

Comece a concatenar suas ideias tecendo uma linha de raciocínio. Risque e elimine da lista feita o que não será aproveitado e separe, no roteiro, suas ideias por temas. Esses grupos monotemáticos formarão os parágrafos. Se solicitaram argumentos, separe-os. Se solicitaram exemplos ou soluções, separe-os também. Essas quatro etapas iniciais evitarão que sua redação fique desorganizada e perca pontos no critério de organização, coesão e coerência.

6.5. QUINTA ETAPA: REDAÇÃO DA INTRODUÇÃO

Sua introdução deve ter tese, isto é, o seu ponto de vista. Apresente o tema, escolha o tipo de introdução, diga ainda que tipos de argumentos usará nos parágrafos do desenvolvimento, mas não explicite os argumentos neste parágrafo.

6.6. SEXTA ETAPA: REDAÇÃO DO DESENVOLVIMENTO

Deve ser organizado, sem misturar os temas dos argumentos. Atente para a mudança dos parágrafos, cada parágrafo, uma ideia central. Atenção aos conectivos que devem unir os parágrafos do desenvolvimento ao parágrafo da introdução.

6.7. SÉTIMA ETAPA: REDAÇÃO DA CONCLUSÃO

Retome a tese, desta vez como consequência lógica de todo o seu desenvolvimento. Lembre-se do algo mais.

6.8. OITAVA ETAPA: REVISÃO DO TEXTO

Releia seu texto, prestando atenção nos elementos de coesão, na pontuação (evite períodos gigantescos), na acentuação, ortografia, concordância e regência. Aquilo que você aprende em gramática não serve apenas para fazer provas de gramática.

6.9. NONA ETAPA: CÓPIA DO RASCUNHO PARA A FOLHA DEFINITIVA

Na maior parte dos concursos, não se permite que um mesmo candidato receba mais de uma folha de redação. Alguns chegam a proibir o uso de lápis, borracha, corretivo de textos e rasuras. Devido a isso, torna-se essencial a realização de um rascunho. O rascunho não é lido pelos corretores, não se preocupe com isso.

Capítulo 7
Redação passo a passo

Faremos a seguir uma redação passo a passo, mostrando como essas etapas devem ser seguidas. O tema é do Enem, mas a estrutura é a mesma dos concursos públicos.

PROPOSTA DE REDAÇÃO (Enem 2005)

Uma vez que nos tornamos leitores da palavra, invariavelmente estaremos lendo o mundo sob a influência dela, tenhamos consciência disso ou não. A partir de então, mundo e palavra permearão constantemente nossa leitura e inevitáveis serão as correlações, de modo intertextual, simbiótico, entre realidade e ficção.

Lemos porque a necessidade de desvendar caracteres, letreiros, números faz com que passemos a olhar, a questionar, a buscar decifrar o desconhecido. Antes mesmo de ler a palavra, já lemos o universo que nos permeia: um cartaz, uma imagem, um som, um olhar, um gesto. São muitas as razões para a leitura. Cada leitor tem a sua maneira de perceber e de atribuir significado ao que lê.

(Inajá Martins de Almeida. *O ato de ler*. Disponível em: <www.amigosdolivro.com.br>. Com adaptações).

Minha mãe muito cedo me introduziu aos livros. Embora nos faltassem móveis e roupas, livros não poderiam faltar. E estava absolutamente certa.

Entrei na universidade e tornei-me escritor. Posso garantir: todo escritor é, antes de tudo, um leitor.

(Moacyr Scliar. O poder das letras. In: *TAM Magazine*, jul./2006, p. 70. Com adaptações)

Existem inúmeros universos coexistindo com o nosso, neste exato instante, e todos bem perto de nós. Eles são bidimensionais e, em geral, neles imperam o branco e o negro.

Estes universos bidimensionais que nos rodeiam guardam surpresas incríveis e inimagináveis! Viajamos instantaneamente aos mais remotos pontos da Terra ou do Universo; ficamos sabendo os segredos mais ocultos de vidas humanas e da natureza; atravessamos eras num piscar de olhos; conhecemos civilizações desaparecidas e outras que nunca foram vistas por olhos humanos.

Estou falando dos universos a que chamamos de livros. Por uns poucos reais podemos nos transportar a esses universos e sair deles muito mais ricos do que quando entramos.

(Disponível em: <www.amigosdolivro.com.br>. Com adaptações)

Considerando que os textos acima têm caráter apenas motivador, redija um texto dissertativo a respeito do seguinte tema:

O PODER DE TRANSFORMAÇÃO DA LEITURA

Ao desenvolver o tema proposto, procure utilizar os conhecimentos adquiridos e as reflexões feitas ao longo de sua formação. Selecione, organize e relacione argumentos, fatos e opiniões para defender seu ponto de vista e suas propostas, sem ferir os direitos humanos.

Observações:

- Seu texto deve ser escrito na modalidade padrão da língua portuguesa.

- O texto não deve ser escrito em forma de poema (versos) ou narração.
- O texto deve ter, no mínimo, 15 (quinze) linhas escritas.
- A redação deve ser desenvolvida na folha própria e apresentada a tinta.
- O rascunho pode ser feito na última página deste Caderno.

Comentários sobre a prova:

Na proposta de redação apresentada, podemos observar alguns textos motivadores que têm por objetivo apresentar algumas opiniões sobre o tema proposto, fornecer argumentos que poderão ser utilizados e, como o próprio nome diz, motivar o candidato a escrever. Após os textos motivadores vem o texto explicativo, onde aparecem todas as informações necessárias para que se faça a redação. Nesse último texto, elaborado pela banca, observamos que a solicitação é de um texto *dissertativo* cujo tema é *o poder de transformação da leitura*. Em seguida, a informação de que devemos selecionar, organizar e relacionar argumentos, ou seja, fazer um texto dissertativo *argumentativo*. Com é o padrão do Enem, os direitos humanos não podem ser feridos, ou seja, podemos defender qualquer opinião, desde que não se faça apologia à tortura, pena de morte etc.

A banca exige ainda que o texto seja em modalidade padrão, como não poderia ser de outro modo. Não deve ser escrito em forma de poema (versos) ou narração, apenas uma observação para reforçar o texto dissertativo argumentativo e evitar que candidatos se confundam, escrevendo versos ou narrativas. A informação sobre o número de linhas (15 no mínimo) e nenhuma sobre o número máximo de linhas (que será o número de linhas apresentado na folha de redação, seja ele qual for).

Com base nessa proposta, vamos fazer, passo a passo, uma redação bem simples. Devemos começar com o simples para chegar ao sofisticado.

A *primeira etapa* é ler atentamente os textos de motivação e o texto de explicação, e já o fizemos.

A *segunda etapa* é a escolha da tese. Essa proposta, especificamente, não nos permite muitas divagações. Lembre-se do que dissemos sobre a liberdade de expressão. Não apenas devemos evitar opiniões absurdas e criminosas, mas também devemos evitar opiniões simplórias e infantis. Quem ousaria defender que a leitura não traz benefícios, não transforma o homem? Quem desejar defender essa opinião, vai seguir o caminho mais difícil, pois deverá encontrar argumentos que sustentem essa tese. Vamos pelo mais fácil, defender que a leitura tem grande poder de transformação.

Tese: a leitura tem grande poder de transformação.

A *terceira etapa* é a tempestade de ideias. Devemos pôr no papel de rascunho tudo o que nos vier à cabeça para sustentar a tese. A leitura tem grande poder de transformação, é extremamente importante, mas... por quê? Vamos aos porquês:

Só para focar em um exemplo, podemos retirar do segundo texto de motivação, que a leitura:

1. Nos permite escrever melhor (um escritor é, antes de tudo, um leitor).

E, do terceiro texto, podemos retirar os argumentos de que a leitura:

2. Nos apresenta novos mundos.

3. Nos permite viajar para os pontos mais remotos do mundo.

4. Nos desvenda segredos.

Além do que podemos extrair dos textos, podemos tirar mais dos nossos próprios conhecimentos. O que sabemos sobre a leitura e sobre os benefícios que ela nos traz?

5. Nos dá acesso a todo o conhecimentos acumulado pela humanidade.

6. Nos permite imaginar, sonhar, abstrair-se da realidade.

7. Nos ajuda no desenvolvimento intelectual, permitindo que tenhamos melhor vocabulário, opiniões etc.

A quantidade de porquês na sua tempestade de ideias é indiferente. O ideal é que, nessa etapa, você escreva o máximo possível de porquês para facilitar a etapa seguinte, a da redação propriamente dita.

A *quarta etapa* consiste em selecionar essas ideias. Nesse momento, devemos escolher os porquês que conhecemos mais, para poder desenvolvê-los da melhor forma possível. Resolvemos escolher os de número 1, 5 e 7.

A *quinta etapa* é a redação da introdução. Precisamos juntar a tese aos porquês.

Diversas formas de redigir a mesma tese:

A leitura é extremamente importante para o homem.

A leitura tem grande poder de transformação.

A leitura tem grande importância para o ser humano.

Agora, vamos aos porquês:

A leitura é extremamente importante para o homem moderno. Graças a ela, podemos ter acesso a todo o conhecimento acumulado pela humanidade, podemos nos desenvolver intelectualmente e escrever melhor.

Está feita a introdução. Uma introdução tradicional: simples e básica, mas completa. Ela possui tese e é o mínimo de que necessita. Como na redação dissertativa não é aconselhável usar a primeira pessoa, vamos reescrever essa introdução levando os verbos à terceira pessoa.

A leitura é extremamente importante para o homem moderno. Graças a ela ***pode-se*** *ter acesso a todo o conhecimento acumulado pela humanidade,* ***desenvolver-se*** *intelectualmente e escrever melhor.*

Observe que o "escrever melhor" no final é um tanto vago. Vamos melhorá-lo.

A leitura é extremamente importante para o homem moderno. Graças a ela pode-se ter acesso a todo o conhecimento acumulado pela humanidade, desenvolver-se intelectualmente e ***melhorar a habilidade de se comunicar por meio da escrita****.*

Está pronta uma introdução tradicional. Entre essa introdução e uma introdução sensacional, a diferença é a mesma existente entre um lindo gol de bicicleta e um simples gol de pênalti, num jogo de futebol: ambos valem a mesma coisa (um gol, um ponto).

A *sexta etapa* é a redação do desenvolvimento. As ideias apresentadas na introdução serão agora desenvolvidas. Como há três ideias, vamos abrir três parágrafos, um para cada um dos porquês apresentados: ter acesso aos conhecimentos acumulados pela humanidade, desenvolver-se intelectualmente e melhorar a habilidade de escrita.

A leitura é extremamente importante para o homem moderno. Graças a ela pode-se ter ***acesso a todo o conhecimento acumulado pela humanidade****, desenvolver-se intelectualmente e melhorar a habilidade de se comunicar por meio da escrita.*

Dificilmente a humanidade poderia ter chegado aonde chegou se não houvesse a escrita. Antes dela, o conhecimento era passado oralmente, dos mais velhos aos mais novos. Hoje, com o acesso à leitura, podemos ter ***acesso a qualquer conhecimento*** *sobre arte, filosofia, religião e ciência, tudo o que já foi produzido durante a história da humanidade e o que é produzido atualmente, sem necessidade de contato face a face com aqueles que sabem, pois basta abrir um livro e esse contato é realizado, mesmo a distância.*

Eis um modelo de um parágrafo sobre o primeiro argumento apresentado. Em seguida, seguiríamos com mais dois parágrafos, um sobre o desenvolvimento intelectual e outro sobre a habilidade de se comunicar. Não vou apresentar tais parágrafos, pois o objetivo por enquanto é apenas exemplificar a estrutura da redação.

A *sétima* e antepenúltima etapa consiste na redação da conclusão. Um parágrafo separado apenas para ela. Neste último parágrafo, você deve retomar sua tese e apresentá-la como se a conclusão estivesse surgindo naturalmente das provas apresentadas.

Devido a tudo isso, pode-se concluir que a leitura é indispensável ao ser humano. Da mesma forma que o homem precisa de alimentação, vestuário, abrigo, também precisa da leitura, e, hoje em dia, em doses cada vez maiores.

As duas últimas etapas são a revisão do texto e a passagem a limpo na folha definitiva. Bastaria reler o texto atentando para ortografia, regência e concordância, mas não apenas isso. Nessa leitura, tente se passar pelo corretor que vai ler sua redação. Ela está clara? Está bem escrita? Suas ideias podem ser transmitidas sem problemas?

Capítulo 8

Elementos para a revisão do texto

Você já escreveu o roteiro da sua redação, fez o rascunho com introdução (com tese), desenvolvimento (com argumentos) e conclusão (com a ratificação da tese). Já colocou um título (se isso foi solicitado pela banca), já releu o seu texto para observar como a coesão referencial é feita (termos são retomados de formas diversas como por pronomes, sinônimos, epítetos e não apenas com a repetição da palavra), já observou a coesão sequencial (o uso das conjunções e ligação das frases entre si, a presença da conjunção conclusiva na conclusão do texto). Agora falta a última etapa antes de passar seu texto a limpo e entregá-lo: a revisão gramatical.

Dependendo do concurso público, vestibular ou Enem, a correção gramatical (uso da norma culta, correção gramatical, ortografia, regência, concordância etc.) pode valer até dois quintos da nota final. Devido a isso, vamos rever algumas regras de uso mais frequente de ortografia, regência e concordância.

8.1. A NOVA ORTOGRAFIA

A língua portuguesa passou por cinco reformas ortográficas em Portugal (1911, 1931, 1945, 1973 e 2009) e três no Brasil (1931, 1971 e 2009). Como as reformas não foram comuns aos dois países, nossa língua passou a ter duas ortografias oficias no mundo: a brasileira, usada no Brasil e Timor Leste, e a portuguesa, usada em Portugal, na África, Ásia e Timor Leste (país com duas ortografias diferentes). A reforma ortográfica de 2009 veio com o intuito de acabar com essas diferenças.

Em 1931, no Brasil, houve uma reforma feita para tentar aproximar a ortografia brasileira da portuguesa, que se distanciaram em 1911. Nessa primeira reforma, o Brasil adotou várias regras portuguesas de 1911, caíram os ph (pharmacia, telephone), suprimiram-se as consoantes geminadas (sabbado), os y (crystal), as consoantes mudas (psalmos, asthma). Apesar disso, ainda sobraram algumas divergências, como o acento em homógrafos (o govêrno, para diferenciar do verbo eu governo ou no pronome êle, para diferenciar da letra ele). Em 1971, no Brasil, foram retirados os acentos de centenas de palavras homógrafas (gosto / gôsto, professora / professôra, governo / govêrno) e o acento grave das palavras terminadas em mente ou zinho (sòmente, cafèzinho). Esses acentos eram responsáveis por 70% das divergências de grafia entre Brasil e Portugal. Apesar disso, ainda sobraram diferenças...

Em 1990, foi feito um novo acordo que, arrastando-se por quase vinte anos, só entrou em vigor em 2009. As duas grafias antiga e nova valeram conjuntamente até 2013, quando uma única grafia passou a ser considerada correta. No Brasil, não foram feitas alterações em vogais e consoantes, apenas em Portugal, com perda de h em "herva". No Brasil, as alterações se restringiram ao hífen, aos acentos e ao trema. Ainda ficaram algumas diferenças, mas, pelo menos desta vez, a ortografia brasileira não será mais considerada errada em Portugal, nem a portuguesa será considerada errada no Brasil. No caso das palavras com grafias diferentes, ambas serão consideradas corretas (bidê ou bidé, Antônio ou António, econômico ou económico, facto ou fato etc.).

8.2. ORIENTAÇÕES ORTOGRÁFICAS

Ortografia é a parte da gramática que trata da correta escrita das palavras.

É senso comum que a melhor forma de apreender a ortografia é cultivar a leitura diária. Quanto menos se lê, mais difíceis parecem se tornar as questões de ortografia e mais os candidatos se enrolam. Quando se tiver dúvida da grafia de uma palavra, o ideal é ir ao dicionário, nunca escrevendo a palavra sem ter certeza de sua ortografia. É preciso estar atento principalmente na internet, onde se está visível para todo o mundo.

Obviamente, não é possível consultar um dicionário durante uma prova de português ou redação num concurso. Neste caso, é ideal conhecer algumas regras de ortografia que podem tirar algumas dúvidas.

1. Procure pela palavra primitiva

O radical da palavra primitiva se mantém na derivada: se tiver dúvida com a palavra anjinho, por exemplo, pense na primitiva, anjo, escrita com j, o j se mantém. O mesmo acontece com os verbos terminados em "izar":

A letra do radical permanece na derivada porque elas não recebem o sufixo "-izar", elas perdem os fonemas após o S/Z, e recebem o sufixo -ar:

Análise – analisar

Bis – bisar

Paralisia – paralisar / paralisação

Pesquisa – pesquisar

Deslize – deslizar

Balize – balizar

Se não há S nem Z no original, o final da palavra é o sufixo -izar, sempre escrito com z.

Canal – canalizar

Poético – poetizar

Urbano – urbanizar

O caso de "catequese", que forma "catequizar", se dá porque S original é descartado para o acréscimo do sufixo -izar. Catequ/ese > Catequ + izar = catequizar.

Exceções da regra: e**x**tenso mas e**s**tender, ob**s**essão mas ob**c**ecado, úm**i**do mas um**e**decer.

2. Após os ditongos será sempre usado

S, nunca Z: lousa, coisa, maisena, Sousa, Neusa, pouso.

C ou Ç, nunca SS: beiço, hauçá, foice.

X nunca CH: ameixa, frouxo, baixo, peixe.

Exceção: recauchutar, seicho-no-iê.

Da mesma forma, nomes próprios não seguem regras fixas de ortografia, podemos encontrar pessoas chamadas Neuza de Souza, mas, segundo as regras ortográficas, a ortografia oficial no nome é Neusa de Sousa.

3. Uso de ESA e EZA

Os substantivos terminados em ESA são concretos, os terminados em EZA são abstratos. Palavras terminadas em -esa também podem ser adjetivos. Uma técnica que funciona em boa parte das vezes é usar a frase: "Ela é...", sendo uma frase coerente, o termo será escrito com S. Ela é inglesa, ela é burguesa, ela é baronesa, mas nunca, ela é limpeza, ela é aspereza.

4. Algumas palavras que causam dúvidas

Escrevem-se com H: hediondo, hesitar, honesto, hombridade.

Escrevem-se com S: atraso, através, ansioso, casamento, curso, falsidade, pretensão, pretensioso, esquisito.

Escrevem-se com Z: rapaz, prazo, talvez, azeite, baliza.

Escrevem-se com CH: bucha, chuchu, chutar, cochilar, encher, flecha, inchada, mochila, pichar, pichação, prancha.

Escrevem-se com X: Enxada, lagartixa, mexer, lixa, xarope, explícito, xadrez, mexerica, enxame, bruxa, expectativa.

Escrevem-se com Ç: açúcar, miçanga, almoço, exceção, precaução, cansaço, invenção.

Escrevem-se com SS: assassinato, assessor, aterrissar, carrossel, ingresso, demissão, necessário, bússola, transmissão.

Escrevem-se com XC: excêntrico, excesso, exceção.

Escreve-se com G: gelatina, gilete, gineceu, ginete, gente e todas as palavras terminadas em ágio, égio, ígio, ógio, úgio: sufrágio, colégio, prestígio, relógio, refúgio.

Escreve-se com J: lambujem, monje, jeito, pajem.

Atenção ao uso de C e SS nas palavras a seguir: sucesso, sucessão, sucessor.

Berinjela pode ser escrita com J (Aurélio) ou com G (Houaiss).

Muçarela se escreve com Ç sempre, apesar de vermos com SS nas pizzarias.

8.3. ACENTUAÇÃO GRÁFICA

Acentuação gráfica é um assunto considerado difícil por muitos candidatos devido à grande quantidade de regras. Essa dificuldade, na verdade, é aparente, já que as regras, embora numerosas, são de fácil compreensão.

O que pode dificultar o estudo do candidato, a princípio, são dois fatores: a alteração de algumas regras devido ao novo acordo ortográfico, que já passou a valer como regra única em janeiro de 2013, e a divergência entre algumas gramáticas, livros e apostilas voltados a português para concursos, além das próprias provas de português de concursos, que trazem uma tradição diferente.

Seguiremos, neste trabalho, com as regras da nova ortografia, baseando-nos sempre na tradição das provas aplicadas em concursos públicos.

O que se deve entender antes de estudar as regras de acentuação é que tais regras foram criadas para que se usasse o menor número de acentos possível. Pode-se observar em qualquer texto que o número de palavras acentuadas é sempre pequeno.

Em português há um grande número de oxítonas terminadas em R (todos os milhares de verbos no infinitivo: amar, compreender, tolerar), mas um número pequeno de oxítonas terminadas em vogal A, E, O, por isso, torna-se mais econômico manter as oxítonas em R sem acento, apenas pressupondo que já são oxítonas, e acentuar as outras.

As regras de acentuação pressupõem que, se uma palavra não receber acento, será pronunciada com a sílaba tônica noutra posição.

Observe os pares de palavras a seguir:

Secretária X secretaria

História X historia

Número X numero

Até X ate

Amém X amem

Revólver X revolver

Se for retirado o acento de "secretária", ficaremos com a palavra "secretaria", terminada em hiato e não mais em ditongo, com a sílaba tônica em RI e não mais em TA. A regra que nos obriga acentuar as paroxítonas terminadas em ditongo crescente serve para evitar que elas sejam lidas com a sílaba tônica num hiato. O mesmo ocorre com *história* e o verbo *historia* (de historiar). Se a proparoxítona "número" não for acentuada, nós a leremos como paroxítona, o que dará o verbo *numero* (eu numero, tu numeras...), se a oxítona "até" não for acentuada, nós a leremos como paroxítona "ate", do verbo *atar*. O mesmo se dá nos demais exemplos. É preciso tomar muito cuidado com dois problemas:

Em primeiro lugar, em muitos materiais para concursos, é comum lermos que os paroxítonos terminados em ditongos podem também ser considerados proparoxítonos, inclusive para efeito de separação de sílabas: his-tó-ria ou his-tó-ri-a, contudo, embora isso sirva para questões de separação de sílabas, jamais servirá em questões de acentuação gráfica. É tradição em concursos públicos considerar as paroxítonas terminadas em ditongo sempre como paroxítonas, nunca abrindo possibilidade de que sejam vistas como proparoxítonas.

Em segundo lugar, o texto do Novo Acordo Ortográfico, assim como os textos dos acordos anteriores, vê os monossílabos como oxítonas, seguindo a tradição das gramáticas gregas. Alguns livros e apostilas também seguem essa visão que, embora não seja errônea, não tem respaldo na tradição dos concursos.

Há seis regras básicas de acentuação. Para acertar as questões de acentuação nos concursos, é preciso estudar cada uma das regras e memorizá-las. Não há mágicas ou macetes para este assunto. Desconfie de qualquer simplificação didática das regras de acentuação, tais simplificações induzem mais ao erro do que ao acerto. Também para revisar redações, segundo o novo acordo ortográfico, é preciso compreender e memorizar as regras.

Vejamos então as regras de acentuação da língua portuguesa.

I – Acentuam-se todos os monossílabos tônicos terminados em A, E, O, seguidos ou não de S:

A (s) – lá, cá, já, pás.

E (s) – pé, fé, lê, mês.

O (s) – pó, só, dó, nós.

Lembre-se das notas musicais: dó, ré, mi, fá, sol, lá, si. Mi, sol e si não entram na regra.

II – Acentuam-se todos os oxítonos terminados em:

A (s) – Pará, sofá, babá, orixás.

E (s) – pajé, você, jacaré, cafés.

O (s) – cipó, vovô, toró, paletós.

EM, ENS – também, ninguém, parabéns.

III – Paroxítonos:

Como são acentuadas todas as oxítonas terminadas em A, E, O, EM (ens), serão acentuadas todas as paroxítonas que tenham todas as outras terminações. São 11 ao todo, além dos ditongos crescentes. Muitas frases foram criadas para ajudar os candidatos a memorizar as terminações que são (ã, ão, ei, i, us, um, r, x, n, l, ps). Uma delas é "um rouxinol foi ao INAMPS", de onde se tira: **UM** **R**o**U**(us)**X**i**N**o**L** f**OI**(ditongo) **AO**(ão) **I**n**AM**(ã)**PS**. Em que aparecem as onze terminações, vamos a elas:

Ã (s) – ímã, órfã, ímãs, órfãs

ÃO (s) – bênção, órfãos, Cristóvão, sótãos.

EI (s) – jóquei, fáceis, pônei, túneis.

I (s) – biquíni, safári, tênis, grátis.

L – pênsil, têxtil, fácil, inútil.

N – gérmen, cânon, hífen, abdômen.

PS – bíceps, tríceps, Quéops, fórceps

R – zíper, mártir, açúcar, revólver.

UM (uns) – álbum, álbuns, fórum, médiuns.

US – vírus, ônus, Vênus, húmus.

X – ônix, tórax, fênix, cálix.

Atenção: os paroxítonos terminados em N são acentuados, mas, em ENS, não.

Pólen – polens.

Hífen – hífens.

Jovens, nuvens.

Acentuam-se os paroxítonos terminados em ditongos crescentes. Não é preciso decorar quais, pois são todos os ditongos crescentes existentes na língua.

EA (s) – área, nívea.

EO (s) – róseo, áureo.

IA (s) – ciência, férias.

IE (s) – espécie, barbárie.

IO (s) – ginásio, pátio.

OA (s) – névoa, amêndoa.

UA (s) – régua, água.

UE (s) – tênue, tênues.

UO (s) – ingênuo, oblíquo.

Cuidado com as simplificações! Alguns colegas costumam a tentar "ajudar" os alunos e criam regras como "Não se acentuam as paroxítonas terminadas em A, E, O, EM", a regra simplificada se mostra furada quando pensamos nas dezenas de contraexemplos: área, saúde, sódio etc.

IV – Acentuam-se todos os proparoxítonos:

Cátedra, médico, título, barômetro, úmido.

V – Acentuam-se o I e U tônicos, quando sozinhos na sílaba, ou seguidos de S:

Saída, faísca, país, saúde, balaústre, baú, açaí.

Note que "juízes" leva acento, pois, ao separarmos a sílaba, o *i* fica sozinho, mas em "juiz" não, já que o *i* não fica só, mas seguido de *z*.

Exceção 1: Esta regra não é válida quando o *i* é seguido de NH: rainha, bainha, moinho.

Exceção 2: Pelas novas regras do Novo Acordo Ortográfico, não são mais acentuados os I e U tônicos em *paroxítonas*, quando estive em precedidos de ditongo: bocaiuva, feiura, maoismo, taoismo. Nas *oxítonas*, o acento permanece: Piauí, tuiuiú.

VI – Acentuam-se os ditongos abertos ÓI, ÉI, ÉU nas oxítonas e nos monossílabos tônicos:

Dói, herói, méis, pastéis, céu, troféu.

Atenção: pelas novas regras, não mais se acentuam os ditongos abertos nas paroxítonas: idéia vira ideia, jóia vira joia.

Observações:

Os verbos "ter" e "vir" grafam-se:

Ele tem, eles têm; ele vem, eles vêm.

E seus derivados:

Ele mantém, eles mantêm; ele contém, eles contêm;

Ele convém, eles convêm.

Os verbos crer, dar, ler, ver, grafam-se:

Ele vê, eles veem (antigamente vêem);

Ele crê, eles creem (antigamente crêem);

Que ele dê, que eles deem (antigamente dêem);

Ele lê, eles leem (antigamente lêem).

Também caíram os acentos dos hiatos oo: voo, enjoo.

Desapareceram a maior parte dos acentos diferenciais, permanecendo apenas: por X pôr, pôde X pode, fôrma X forma (este último não era oficial e foi oficializado).

8.4. REGÊNCIA VERBAL

Além de ajudar na revisão das redações, o conhecimento de regência pode ser muito útil nas provas de língua portuguesa, pois trata-se de um assunto frequentemente cobrado em concursos. O estudo da regência trata da correta relação entre um verbo e uma preposição (regência verbal) ou de um nome e uma preposição (regência nominal).

Há verbos em que a mudança da regência implica mudança de sentido:

Quero a meus pais (como VTI – verbo transitivo indireto – significa amar).

Quero um refrigerante (como VTD – verbo transitivo direto – significa desejar).

Em outros casos, há verbos que possuem uma regência popular e uma padrão, mas que não mudam de sentido:

*Fui **no** cinema assistir **um** filme.* (popular)

*Fui **ao** cinema assistir **a um** filme.* (padrão)

Enquanto na linguagem popular o verbo **ir** pede a preposição "em", na norma padrão o verbo pede a preposição "a". Nas provas de português em concursos, as questões de regência versam sobre a regência padrão. Nas redações, recomenda-se que se siga sempre a norma padrão. Observe que toda vez que a preposição "a" se encontrar com o artigo "o", eles se transformarão na combinação "ao". Quando a preposição "a" encontrar o artigo "a", ocorrerá o fenômeno da crase e será usado apenas um "a" com um acento grave <à>. Quando a preposição se encontrar com os pronomes aquele, aquela, aqueles, aquelas, aquilo, a crase também ocorrerá, grafaremos àquele, àquela, àqueles, àquelas, àquilo.

Alguns verbos cuja mudança de regência implica mudança de sentido:

ASSISTIR

Tem quatro sentidos: ver, presenciar, estar presente, com preposição a; ajudar, socorrer, com uso opcional de preposição "a"; favorecer, caber, com a preposição "a"; morar, com a preposição "em".

a) ver/ presenciar

(VTI – pede a preposição "a")

Quem assistiu a este filme? Quem assistiu àquele filme?

A moça assistiu ao filme/ à novela.

b) ajudar/socorrer

(VTD ou VTI – o uso da preposição "a" é opcional)

O médico assistiu ao paciente / o paciente.

c) caber/competir

(VTI – pede a preposição "a")

Este direito assiste a todos.

d) morar/ residir/ situar

(pede a preposição "em") – muito raro no português do Brasil

Ana assiste na rua São Francisco Xavier.

Ele assiste em Copacabana.

Note que o verbo *assistir* tem uma regência popular muito diferente, quando significa *ver* ou *presenciar.* No dia a dia costuma-se falar "assistir o filme" e não "assistir ao filme". É preciso tomar cuidado para não se confundir. Da mesma forma, deve-se evitar a construção passiva "este filme foi assistido por milhões de pessoas", pois a voz passiva só ocorre com verbos transitivos diretos. Apesar de a tradição gramatical recriminar essa forma, ela já se encontra bastante difundida no português do Brasil, podendo ser constatada diariamente em jornais e revistas.

CHAMAR

Tem dois sentidos: convocar, apelidar e repreender.

O chefe chamou a secretária. (convocou, VTD – sem preposição)

Chamei o / ao menino de bobo (apelidou, VTD ou VTI)

O chefe chamou a secretária à atenção. (repreender, VTDI, à atenção como OI).

IMPLICAR

Tem quatro sentidos: *trazer* como consequência e *dar*, sem preposição; *comprometer*, com dois complementos, sendo o segundo com preposição em; *antipatizar*, com a preposição "com".

a) *trazer* como consequência (VTD)

Em alguns verbos, mudança de regência implica mudança de sentido.

b) dar a entender, pressupor (VTD)

Suas atitudes implicavam um firme propósito.

c) comprometer, envolver (VTDI)

Implicaram o jornalista em questões políticas.

d) antipatizar (VTI)

Ele implica com todos.

VISAR

Tem três sentidos: mirar e dar visto, sem preposição; e ter em vista, com preposição a.

a) mirar (VTD)

O caçador visou o alvo.

b) dar visto (VTD)

O gerente visou o cheque.

c) ter em vista (VTI – com preposição "a")

Todos visamos a um mundo melhor.

Alguns verbos com regências distintas no português popular e no português padrão:

ESQUECER, LEMBRAR, RECORDAR

Há duas formas: esquecer algo, ou esquecer-se de algo. Tanto faz usar uma ou outra. O que não pode haver é a confusão das duas formas. Frases como "esqueci disso" ou "me esqueci isso" estão incorretas.

Esqueci o seu nome.

Esqueci-me do seu nome.

Lembrei aqueles fatos.

Lembrei-me daqueles fatos.

PAGAR e PERDOAR

Quando o complemento foi coisa, vem sem preposição (paguei o boleto, paguei a conta); quando o complemento é pessoa, ou entidade personalizada, vem com preposição.

"a" (paguei ao dentista, paguei à escola).

O rapaz pagou o débito / a conta.

O rapaz pagou ao médico / à médica.

A esposa perdoou o erro / a traição.

A esposa perdoou ao marido. O marido perdoou à esposa.

Paguei a multa ao fiscal. Paguei o débito à fiscal.

Os pais perdoam aos filhos as ofensas. Os pais perdoam às filhas os erros.

Note um dos versos da oração do Pai Nosso:

"Perdoai as nossas ofensas, assim como perdoamos **a** quem nos tem ofendido."

(versão católica)

"Perdoai as nossas dívidas, assim como perdoamos **aos** nossos devedores."

(versão protestante)

PREFERIR

Usa-se sempre a forma: "prefiro uma coisa a outra" e não "prefiro mais essa coisa do que a outra".

João prefere teatro a cinema.

João prefere o teatro ao cinema.

Se for colocado artigo na primeira palavra, deve-se colocar artigo na segunda. Se não for colocado artigo na primeira, não se pode colocar artigo na segunda. Esta é uma parte da regra de paralelismo sintático.

Ana prefere cerveja a vinho.

Ana prefere a cerveja ao vinho.

Ana prefere o vinho à cerveja.

IR, CHEGAR

Sempre pedem a preposição "a", e não a preposição "em" como estamos acostumados a usar no dia a dia.

Amanhã iremos ao cinema.

Amanhã iremos à feira.

Chegou a casa muito tarde.

8.5. CRASE

"A crase não foi feita para humilhar ninguém", já dizia o poeta Ferreira Gullar. Contudo, é um tema que vem não só humilhando muita gente em redações de concursos ou no dia a dia, como também derrubando candidatos em provas de português.

Crase é o nome que se dá ao fenômeno de junção de duas vogais iguais. Em português ocorre, principalmente, quando a preposição "a" encontra o artigo ou pronome "a" ou os pronomes "aquele, aquela, aqueles, aquelas, aquilo". Na esmagadora maioria das questões de concursos, a crase cobrada é a junção da preposição *a* com o artigo feminino definido *a*.

Se para haver crase é preciso haver um artigo feminino, e se sabemos que o artigo só se usa antes de substantivo, então concluímos que a crase só ocorrerá antes dessas palavras. Logo, não há crase antes de pronomes pessoais, verbos etc., como também não vai ocorrer antes de palavras masculinas. Também não será usado "à" antes de palavras no plural "refiro-me a questões de gramática", neste caso, usamos "a" ou "às" quando for conveniente.

Para saber se um "a" leva ou não acento grave, uma técnica que ajuda em grande parte dos casos é substituir a palavra que acompanha o "a" por uma palavra masculina. A combinação "ao" é a contraparte masculina do "à", o artigo "o" é a contraparte masculina do "a".

Entreguei o bilhete à diretora.

Se substituirmos o diretora por diretor, a frase ficará: entreguei o bilhete ao diretor. Como ocorre um "ao" no masculino, sabemos que no feminino ocorrerá um "à".

Se, na nova frase masculina, não ocorrer um "ao" mas sim um "o", trata-se apenas de um artigo, não haverá crase no feminino. Se no masculino ocorrer um "a", trata-se de uma preposição, não ocorrerá crase no feminino.

Barco a vela – barco a vapor e não barco ao vapor. Sem crase.

Escrevi a mão – escrevi a lápis e não escrevi ao lápis. Sem crase.

Crase em locuções

O acento indicativo de crase é usado nas locuções adverbiais, prepositivas e conjuntivas que contenham palavras femininas. Algumas delas são:

À custa de, à espera de, à baila, à tarde, à noite, à direita, às claras, à toa, à beça, à revelia, à beira de, às pressas, às vezes etc.

Crase em relação a nomes de lugar

Os topônimos (nomes de lugares países, estados, cidades, bairros etc.) se dividem em três tipos: os que pedem o artigo masculino "o": o Brasil, o Rio de Janeiro, o Irajá, o Butantã; os que pedem o artigo feminino "a": a França, a Bahia, a Itália; os que não aceitam artigo: Portugal, São Paulo, Nova York.

Quando usamos o verbo ir seguido desses nomes, a preposição "a" deve se combinar com o artigo masculino: vou ao Brasil, vou ao Rio de Janeiro, ou com o artigo feminino, gerando o fenômeno da crase: vou à França, vou à Bahia, ou ser usado sozinho, no caso de nomes que não aceitam artigo: vou a Portugal, vou a São Paulo.

Para saber, portanto, quando usar o acento indicador de crase, basta verificar se há artigo antes do nome do lugar, para isso, use o verbo vir: venho dA França, logo, vou à França; venho dE São Paulo, logo, vou a São Paulo.

8.6. CONCORDÂNCIA

Sujeito é o elemento da frase com o qual o verbo concorda. Quando falamos, intuitivamente tentamos achar os sujeitos das frases para que a concordância seja feita. Quando erramos ao pensar no sujeito, erramos no verbo.

"Houveram muitos candidatos neste concurso."

"Fazem anos que não o vejo."

Essas são frases errôneas que ouvimos no dia a dia, porque os falantes interpretam "muitos candidatos" como sujeito de haver e "anos" como sujeito de fazer, mas as orações mencionadas não têm sujeito.

Seguem alguns verbos que costumam causar dúvidas e estão entre os mais cobrados nos concursos:

Haver

No sentido de *existir* ou tempo decorrido, fica sempre na 3ª pessoa do singular.

Houve alguns acidentes nas estradas neste feriado.

Há muitos anos não como sushi.

O verbo *existir* equivale semanticamente a haver, mas concorda normalmente com o sujeito.

Será que *existem* seres em outros planetas?

Fazer

Quando se refere ao clima ou tempo decorrido, fica sempre na 3ª pessoa do singular.

Ontem fez 4° graus em São Joaquim.

Faz muitos dias que não tenho notícias dele.

Nos demais casos, concorda normalmente com o sujeito.

Dos candidatos a concursos públicos, 1% faz as provas sem querer passar.

Dos candidatos a concursos públicos, 80% fazem as provas sem estudar.

Ser

Quando se refere a horas, data ou distância, concorda com a expressão numérica.

É uma hora.

São duas horas.

Daqui ao mercado são dois quarteirões.

Hoje é 1° de julho.

Hoje são 2 de julho.

Recomenda-se sempre esta concordância, mas também é correto concordar com a palavra "dia", subentendida: Hoje é dois de julho = hoje é (dia) dois de julho.

Chover, nevar, relampejar

Verbos que indicam fenômenos da natureza permanecem no singular, exceto se estiverem aplicados em sentido figurado; neste caso, concordam com o sujeito.

Chove lá fora.

Choveram erros na prova.

Concordância nominal

Assim como os verbos concordam com seus sujeitos, os adjetivos ou nomes de valor adjetivo (pronomes, numerais etc.) concordam com seus substantivos. Algumas palavras que costumam causar dúvidas são: meio, anexo, bastante e proibido.

– Meio

Esta palavra pode ser numeral ou advérbio, além, é claro, de substantivo. No caso de ser um advérbio, por ser invariável, obviamente não concordará com nada.

É meio dia e *meia*. (meia hora, numeral, concorda com hora)

Comemos *meia* travessa de lasanha. (meia travessa, numeral, concorda com travessa).

Ela está *meio* cansada. (advérbio, invariável).

– Anexo

Anexo é um adjetivo, mas "em anexo" é um adjunto adverbial.

Seguem anexos, no *e-mail*, os documentos para impressão.

Seguem anexas as planilhas para a impressão.

Seguem em anexo as planilhas para impressão.

(O verbo seguir concorda com seu sujeito "as planilhas", mas "em anexo", como adjunto adverbial, é invariável.)

– Bastante

Assim como "muito", pode ser advérbio (invariável) ou pronome (variável).

Estudei *muito* para as provas. Estudei *bastante* para as provas.

Estudei *muitas* questões de provas anteriores. Estudei *bastantes* questões de provas anteriores.

– É bom, é ótimo, é proibido

Estas expressões ficam invariáveis quando o sujeito não acompanha artigo, mas concordam com o sujeito se este vier determinado pelo artigo.

Laranjada é *bom* para a saúde.

A laranjada é *boa* para a saúde.

É *proibido* permanência de pessoas estranhas neste recinto.

É *proibida a* permanência de pessoas estranhas neste recinto.

8.7. PONTUAÇÃO

A pontuação existe para facilitar a leitura, evitando ambiguidades e má interpretação. Podemos ver como alguns mal-entendidos surgem em textos veiculados na internet devido à falta de pontuação nos textos.

As regras de pontuação, sobretudo as de vírgula, exigem conhecimentos sintáticos dos candidatos. É preciso dominar a sintaxe para pontuar corretamente.

A seguir, apresentaremos resumidamente os sinais de pontuação e suas funções.

Ponto (.) – É usado no final dos períodos para indicar que o sentido da frase já está completo. Marca o fim dos períodos.

Precisamos comer mais verduras e menos gorduras.

Dois pontos (:) – Marcam uma pausa na leitura e introduzem uma citação, uma fala, uma enumeração, um esclarecimento ou uma síntese.

Há dois caminhos para quem entra no mundo do crime: a cadeia e o cemitério.

Ponto de interrogação (?) – É usado no final das frases interrogativas diretas, indica que se trata de um pergunta.

No que darão os protestos pelo Brasil?

Aspas (" ") – São usadas para indicar que frases são citações ou realçar palavras em um texto, como gírias e estrangeirismos, dentre outras.

Eu tratei desse assunto "in off" com ele.

Travessões (–) – São usados para introduzir falas nos diálogos ou destacar termos e explicações em geral, assim como as vírgulas e os parênteses.

Disse o xerife: – De onde vens?

O coração – esse brinquedo de corda – está sempre nos surpreendendo.

8.8. O USO DA VÍRGULA

A vírgula (,) não é uma pausa para respirar, ao contrário do senso comum. Se assim fosse, não haveria necessidade de vírgula em "Logo, logo, estarei aí". Já que não há pausa na frase quando falamos. As regras do uso de vírgula são todas sintáticas. É necessário que o candidato conheça o mínimo de análise sintática para compreender as regras e usar as vírgulas.

Nas orações que estiverem na ordem direta (sujeito – verbo – objeto), a vírgula é desnecessária. Por isso, considera-se erro primário separar sujeito de predicado.

A vírgula é usada, portanto:

a) Para separar elementos deslocados na sintaxe.

A resposta, já a encontrei. (eu já encontrei a resposta).

b) Separar vocativo

Obrigado, grande mídia, por manipular o povo!

c) Separar adjunto adverbial deslocado:

Veremos, na semana que vem, se você vai estar certo.

d) Separar elementos de mesma função sintática:

O povo precisa de educação, saúde, transporte e respeito.

e) Para separar o aposto, as orações adjetivas explicativas e expressões explicativas (isto é, a saber, por exemplo, a meu ver, digo, ou melhor, quer dizer, além disso, aliás, assim, com efeito, como dizer, demais, depois, enfim, então, no mais, ora, ou seja, ou antes, igualmente, pensando bem, pois bem, pois sim, por assim dizer, realmente, em suma, note-se bem, finalmente, em verdade, de fato, sim, não etc.) e outras explicações.

Rio, a cidade maravilhosa, se prepara para as Olimpíadas.

O homem, que é um ser racional, vive em constante conflito.

É preciso se organizar, isto é, evitar a desordem a todo custo.

f) Para marcar a elipse (omissão de verbo)

Os homens são agressivos; as mulheres, emotivas. (elipse do verbo "ser")

g) Em orações ligadas por "e" quando os sujeitos são diferentes:

Os homens são agressivos, e as mulheres são emotivas.

Se o sujeito for o mesmo, não há vírgula. No exemplo anterior (f), um ponto e vírgula foi usado no lugar da vírgula, devido à segunda vírgula da elipse verbal.

h) Nas orações coordenadas assindéticas

A internet informa o homem, facilita o trabalho, distrai a mente.

i) Entre as conjunções adversativas e conclusivas, se intercaladas (porém, contudo, entretanto, todavia, logo, portanto).

A algazarra, contudo, continuou.

j) Em orações subordinadas precedendo as orações principais:

Quando a sociedade acordar, não haverá escapatória.

Não haverá escapatória quando a sociedade acordar. (ordem normal, oração principal e subordinada, sem vírgula).

8.9. VÍCIOS DE LINGUAGEM

Os vícios de linguagem são problemas comuns que deturpam a mensagem, surgidos por desconhecimento da norma culta ou por descuido do emissor. Em uma redação, os vícios podem tornar a mensagem que se quer passar em algo ridículo ou absurdo e dificultar o entendimento do texto. Alguns dos vícios mais comuns são:

Ambiguidade

Duplo sentido causado pela má estruturação da frase.

Vi uma foto sua na Praça Mauá.

A foto estava exposta na Praça Mauá, ou a pessoa estava nessa praça quando foi fotografada?

O chefe está com sua mulher em casa.

Com a mulher do chefe ou com a mulher do receptor da mensagem? Os pronomes possessivos **seu**, **seus**, **sua**, **suas** são grandes geradores de ambiguidade no português do Brasil.

Além de um vício de linguagem, a ambiguidade pode ser intencional, com o intuito de fazer humor ou como recurso literário. Uma antiga frase de para-choque de caminhão, muito difundida, dizia:

Respeito as casadas, como as solteiras.

Em que a conjunção "como" podia, também, ser interpretada como verbo.

Um uso estilístico de ambiguidade pode ser vista na música de Lenine:

"Já que sou brasileiro
E que o som do pandeiro é certeiro e tem direção
Já que subi nesse ringue
E o país do suingue é o país da contradição
Eu canto pro rei da levada
[...]
O charme dessa nação."

Repare que o primeiro verso "Já que sou brasileiro" permite três interpretações diferentes. A primeira corresponde ao sentido literal, em que o poeta afirma-se como brasileiro de fato.

A segunda interpretação permite pensar em uma referência ao cantor e compositor Jackson do Pandeiro, nome artístico de José Gomes Filho (1919-1982), um cantor e compositor brasileiro considerado um dos maiores ritmistas de todos os tempos, de quem Lenine se diz seguidor. O título da canção demonstra muito bem o quanto Lenine admira Jackson do Pandeiro, uma vez que ele utiliza um termo da língua inglesa "soul" (alma) e um nome próprio bastante utilizado nos filmes de Western norte-americanos "Jack", apreciados pelo ritmista e "brasileiro", palavra utilizada com o propósito de rimar com "pandeiro", em clara demonstração da peculiaridade de Jackson, além de ser ícone da cultura musical brasileira.

Note que, para que se possa perceber a ambiguidade, é preciso atentar para o jogo de palavras formado por "já que sou" (Jackson e Jack Soul).

Barbarismo

Há dois tipos de barbarismo: em sentido lato, é toda transgressão à norma culta. Outro, em sentido estrito, é o uso desnecessário de estrangeirismo, quando há palavra em vernáculo com o mesmo sentido.

"Isso é *up to date*!" em vez de "Isso é atual!"

"Faça uma customização desse *software*" em vez de "faça uma personalização desse programa".

Um anglicismo que já foi até dicionarizado é "estória", do inglês "story", que se contrapõe a "história".

Em português, contudo, pode-se usar apenas a palavra história nos dois sentidos. Algumas editoras, como a Ediouro, nos anos 1970 e 1980, chegaram a publicar uma nota nas primeiras páginas de seus livros explicando o porquê de não utilizarem o vocábulo "estória" em substituição a "história".

Na maioria das vezes, os falantes que usam anglicismos em demasia o fazem para demonstrar que falam inglês. Trata-se de um exibicionismo desnecessário, que demonstra mais insegurança que conhecimento.

Cacofonia

Cacofonia, cacófato ou *cacófaton* é o som desagradável que surge da combinação de palavras. A nova palavra "nascida" desse encontro de fonemas geralmente apresenta conotações grosseiras e ridículas.

Dei um beijo na bo*ca dela*.

Es**s***a fada* vive no bosque encantado.

Paguei dez reais *por cada* caixa.

Alguns *cacófatons* bastante comuns surgem combinados a problemas de colocação pronominal.

Eu *vi ela*.

Eu a*mo ela*.

Os *cacófatons* também podem ser usados intencionalmente, com o objetivo de causar humor.

Plebeísmo

Vício que consiste em se utilizar de gírias, regionalismos, palavrões, expressões informais quando a situação social não o permite.

O problema maior das gírias e dos regionalismos é que só são compreendidos por aqueles que fazem parte desse círculo social. Em redações de concurso, recomenda-se muita atenção a esse vício.

Observe exemplos:

Tô ferrado!

Tá ligado nas quebradas, meu chapa?

Esse bagulho é "radicaaaal"!!! Tá ligado, mano?

Prolixidade

Problema que surge devido ao excesso de palavras e frases para dizer algo que poderia ser expresso de forma mais concisa. Quando se privilegia a quantidade frente à qualidade, o texto fica confuso, enfadonho, chato, o leitor logo se cansa.

Ao revisar sua redação, verifique se há orações ou expressões que possam ser retiradas sem causar danos no que você desejava dizer.

Solecismo

Solecismo é o desvio da sintaxe padrão. Há três tipos básicos de solecismo: o de regência, o de concordância e o de colocação.

a. Solecismo de regência

Consiste no erro da regência padrão.

Nós assistimos o jogo no estádio.

(Nós assistimos ao jogo no estádio).

Prefiro mais água do que refrigerante.

(Prefiro água a refrigerante).

b. Solecismo de concordância

Consiste no erro da concordância verbal ou nominal padrão.

Fazem anos que não venho aqui.

(Faz anos que não venho aqui).

Vende-se casas.

(Vendem-se casas).

c. Solecismo de colocação

Consiste no erro de colocação pronominal segundo a norma padrão.

Ama-se ou não ama-se.

(Ama-se ou não se ama).

Se inscreva clicando aqui.

(Inscreva-se clicando aqui).

Eco

Consiste na repetição dos finais de palavras num texto em prosa, causando sons desnecessários. *O presidente está com dor de dente constantemente.*

Esse vício pode ser corrigido com a troca de palavras por sinônimas ou reestruturação da frase. O eco intencional, nos textos poéticos, é chamado de rima, que pode ser externa (quando ocorre entre palavras nos finais dos versos) ou interna (quando ocorrem em palavras nos meios dos versos). Não se trata, neste último caso, de um vício de linguagem, mas de um recurso estilístico da poesia.

Colisão

Consiste na repetição de fonemas numa mesma frase nos textos em prosa.

O Papa Paulo VI pediu a paz aos povos.

Este vício pode ser evitado com substituição das palavras ou reestruturação da frase. A colisão intencional, nos textos poéticos, não é considerada vício, mas recurso estilístico. Neste caso, é chamada de aliteração, como em *Violões que Choram*, de Cruz e Souza.

"Vozes veladas, veludosas vozes,
Volúpias dos violões, vozes veladas,
Vagam nos velhos vórtices velozes
Dos ventos, vivas, vãs, vulcanizadas."

Gerundismo

O mais recente dos vícios de linguagem consiste no uso incorreto e exagerado dos gerúndios, o que gera imprecisão e ambiguidade. Intencionalmente usado, muitas vezes, para evitar o comprometimento do falante. Uma frase como "Vou estar cancelando o seu cartão" é muito mais imprecisa do que "Vou cancelar seu cartão".

Tal vício disseminou-se inicialmente pelos operadores de telemarketing, em seguida por todas as classes sociais. Um exemplo disseminado na TV foi emitido pelo então ministro da saúde, José Serra: "...outra vacina que vamos estar aplicando amanhã".

Capítulo 9

Propostas de redações comentadas

Neste capítulo, apresentaremos algumas propostas de redação de concursos e vestibulares aplicados nos últimos anos seguidas de breves comentários. De modo que o leitor possa estudar também com outros tipos de texto, inseriremos propostas de redações de alguns importantes vestibulares do país.

Nas dissertações argumentativas com temas fechados, a tese já é apresentada na prova, implícita ou explicitamente. O candidato não precisa escolher um dos lados, apenas defender a tese dada com base em argumentos seus ou outros retirados ou baseados nos textos motivadores, se houver. É um tanto óbvio que jamais se deve copiar trechos dos textos motivadores.

Em alguns concursos, foi pedido aos candidatos que fizessem redações narrativas, não dissertativas. Neste caso, não há necessidade de tese ou argumentos, mas sim de um enredo (uma historinha com início, meio e fim, completa e coerente), personagens, um local onde se passaria a história, um conflito gerador, um clímax e um desfecho.

Redação 1

(UFPR SETOR DE EDUCAÇÃO PROFISSIONAL TECNOLÓGICA – TESTE DE SELEÇÃO 2012 – CURSO TÉCNICO EM AGENTE COMUNITÁRIO DA SAÚDE)

PRODUÇÃO DE TEXTO

Há tempos atrás uma deputada brasileira criou projeto de lei que propunha que o cidadão que presenciasse um pai batendo no próprio filho teria o direito de denunciá-lo. Este pai, por sua vez, poderia vir a ser condenado caso se comprovasse a "agressão". Curioso, pensei. E perigoso também. Antes de tudo, é preciso diferenciar agressão, espancamento e outras barbaridades com o direito – legítimo, penso eu – de pais e mães aplicarem bons "corretivos" nos seus petizes, apesar de isso parecer cada vez mais antiquado neste campo de correções políticas e farta hipocrisia.

(Zeca Baleiro. A moral do cascudo. In: *ISTO* É, n. 2159, 30-3-2011, p. 130. Com adaptações)

Considerando o texto acima, que exprime a opinião de Zeca Baleiro, escreva um texto em que você defina o que seria um bom e moderno método de correção de crianças mal-educadas.

Seu texto deve:

- levar em conta a opinião exposta no texto para descrever um possível método de correção moderno;
- apresentar as vantagens do método proposto por você em relação ao método antigo de bater no filho;
- ter de 9 a 12 linhas.

Comentários sobre a prova:

Por se tratar de um concurso para agente comunitário de saúde, e dados os conhecimentos específicos exigidos, é evidente que o candidato não poderia defender os castigos físicos para crianças, pois isso entraria em contradição com o que foi solicitado. Aqui, numa redação curta de nove a doze linhas, não há necessidade de dividir parágrafos para introdução, desenvolvimento e conclusão, as três partes podem ser colocadas num único parágrafo sem prejuízo à estrutura do texto. A tese deve ser o método alternativo ao castigo físico, e as vantagens desse método devem entrar no desenvolvimento.

Note que o tema é fechado. Não se pergunta se você concorda ou discorda do método de punição corporal, muito pelo contrário. Pede-se que seu texto apresente vantagens do método proposto em relação ao método de bater no filho.

Pela interpretação do texto motivador, vemos que Zeca Baleiro acha perigosa a lei que permite alguém denunciar maus tratos, logo, é a favor da prática de castigo corporal. Apesar disso, ele tenta separar a agressão em níveis, do mais grave ao mais fraco e por conseguinte utilizando termos como agressão, espancamento e o direito legítimo de os pais aplicarem corretivos nos filhos. Provavelmente, Zeca Baleiro é contrário ao espancamento de crianças, mas aprova a "palmada".

É importante notar a presença da palavra agressão inicialmente entre aspas e depois sem aspas. No primeiro caso, se refere ao pai bater no filho, um caso minimizado por Zeca Baleiro, e que não poderia ser comparado a uma agressão (sem aspas), algo mais grave, como um espancamento com hematomas, por exemplo.

Pense nos métodos que podem ser usados além da palmada: o diálogo. Muitas famílias usam outros métodos como proibir de sair, ficar alguns minutos refletindo o que fez, deixar dias sem TV, *videogame*, internet ou longe de algum brinquedo preferido.

A proposta de redação é de um processo seletivo para curso técnico em "Agente Comunitário da Saúde". O futuro profissional poderia se deparar com muitos casos de crianças machucadas por agressões que sofrem em casa. É preciso que o profissional tenha bom senso e pelo menos conheça os métodos alternativos de educação.

Redação 2

(POLÍCIA MILITAR DO ESTADO DE SÃO PAULO – SOLDADO PM DE 2ª CLASSE – VUNESP – 2012)

LEIA OS TEXTOS.

TEXTO 1

O sonho de consumo dos brasileiros está em aparelhos que proporcionem o acesso à tecnologia e um pouco de conforto. A conclusão é de uma pesquisa que analisa o que os brasileiros mais gostariam de comprar.

Quando o desejo é pessoal, nada como estar conectado: 37 milhões de brasileiros querem um celular. Já quando a necessidade é coletiva e a vontade é familiar, o maior desejo de consumo é uma máquina de lavar. O eletrodoméstico é o objeto de desejo número um para quase 13,5 milhões de famílias brasileiras.

Depois da máquina de lavar roupa (23,5%), os sonhos de consumo são geladeira (21,4%) e fogão (0,9%). "Isso é realização de uma necessidade e de uma vontade e também tem a ver com conforto: ter carro para não andar de ônibus, ter um eletrodoméstico para não lavar roupa no tanque e assim por diante. Isso é importante, é qualidade de vida."

(Disponível em: ‹http://g1.globo.com/jornal-hoje›. Acesso em: 9-5-2012)

TEXTO 2

Estudo recém-divulgado pela Universidade da Califórnia em Irvine, nos Estados Unidos, concluiu que profissionais que não olham a caixa de e-mails regularmente no trabalho são menos estressados e mais produtivos.

A professora universitária Gloria Mark, autora do estudo ao lado de pesquisadores do Exército americano, sugere tirar "férias do correio eletrônico". "Descobrimos que, depois de cinco dias longe do e-mail, os níveis de estresse das pessoas caíram em comparação com o período em que elas estavam conectadas."

Em novembro de 2011, reportagem publicada pela Folha apontou que o avanço tecnológico, combinado com o crescimento econômico, contribuiu para aumentar o número de horas que um profissional passa trabalhando, sem representar, no entanto, aumento de salário.

Segundo pesquisa da Asap, consultoria de recrutamento de executivos, 7 em cada 10 profissionais declararam ter aumentado o tempo que passam no escritório, o que parece contribuir para elevar o estresse. A jornada estendida por meio de ferramentas de comunicação instantânea, muitas das quais em plataformas móveis, é fonte de reclamações dos executivos.

Para especialistas, os "facilitadores de comunicação" podem ser encarados como "uma cilada", ao passo que é mais difícil ficar desconectado.

(Folha de São Paulo, 6-5-2012. Com adaptações)

A partir da leitura dos textos, escreva um texto dissertativo, na norma culta da língua portuguesa, expressando sua opinião a respeito do tema:

A presença da tecnologia no cotidiano dos brasileiros

Dê um título a seu texto.

Comentários sobre a prova:

Os textos motivadores apresentam uma relação entre o sonho de consumo dos brasileiros e a evolução tecnológica que a sociedade obteve com o advento de aparelhos que os conectam e a grande rede mundial, capaz de proporcionar comunicação instantânea.

O texto deverá ser elaborado de acordo com as lições estudadas até aqui, seguindo as etapas do ato de redigir, com bastante atenção ao desenvolvimento e também à argumentação, com necessidade de citações de exemplos.

Pede-se que se escreva um texto dissertativo expressando sua opinião, ou seja, um texto dissertativo opinativo ou argumentativo. Os textos motivadores apresentam uma relação entre o sonho de consumo dos brasileiros e a evolução tecnológica que a sociedade obteve com o advento de aparelhos que os conectam e a grande rede mundial, capaz de proporcionar comunicação instantânea.

É preciso explicar, entre 25 e 30 linhas, sua opinião pessoal sobre o que está acontecendo no cotidiano dos brasileiros, em razão da presença das inovações tecnológicas. Como o tema é aberto, o candidato pode defender qualquer posição, tomar uma das posições apresentadas nos textos motivadores (a tecnologia traz conforto e qualidade de vida ou a tecnologia traz estresse) ou então apresentar as duas posições opostas, que na verdade não são excludentes, começando com uma introdução por divisão, que seria bem empregada neste último caso.

Redação 3

(UNIVERSIDADE FEDERAL DO RIO GRANDE DO NORTE – NÚCLEO PERMANENTE DE CONCURSOS – COMPERVE/UFRN – 2013)

TEXTO

Em todo o mundo, as denominadas redes sociais, como Twitter e Facebook, além de agilizarem a comunicação entre milhões de pessoas, vêm se revelando como um instrumento útil na projeção de questões políticas e sociais, criando novas possibilidades de expressar opiniões e mobilizar pessoas.

No Brasil, pelo menos um terço da população manifesta, nesses espaços virtuais, a sua opinião sobre qualquer tema. Essas manifestações vão desde aquelas que têm como objetivo a justiça social até as que expressam algum tipo de ódio ou preconceito contra grupos tidos como minoritários.

Diante dessa polêmica em torno do papel das redes sociais, o jornal VOZ DIGITAL criou uma seção destinada à publicação de artigos de opinião sobre o assunto. Para participar desse debate, escreva um ARTIGO DE OPINIÃO em que você se posicione sobre a seguinte questão:

REDES SOCIAIS: EXERCÍCIO OU ABUSO DA LIBERDADE?

INSTRUÇÕES

Seu artigo deverá, obrigatoriamente, atender às seguintes exigências:

- ser redigido no espaço destinado ao texto definitivo (são 20 linhas);
- apresentar explicitamente um ponto de vista, fundamentado em, no mínimo, dois argumentos;
- ser redigido na variedade padrão da língua portuguesa;
- não ser escrito em versos;
- conter, no máximo, 40 linhas;
- não ser assinado (nem mesmo com pseudônimo).

ATENÇÃO

Será atribuída NOTA ZERO à redação em qualquer um dos seguintes casos:

- texto com até 14 linhas;
- fuga ao tema ou à proposta;
- letra ilegível;
- identificação do candidato (nome, assinatura ou pseudônimo);
- artigo escrito em versos.

Comentários sobre a prova:

Em primeiro lugar, cabe destacar que a organizadora determinou nas instruções preliminares da prova que "A Redação será avaliada considerando-se apenas o que estiver escrito no espaço reservado para o texto definitivo". A segunda informação é que a folha pautada, oferecida para a elaboração do texto, contém 20 linhas.

É importante ressaltar que o manual do vestibular para ingresso nos cursos de graduação da UFRN no ano de 2013 estabeleceu que, para o caso de empate entre candidatos de determinado curso, o desempate teria de ser decidido pelos escores padronizados obtidos nas provas discursivas, considerando-se, em ordem sequencial, as provas para cada área do curso, mas em todas a redação figurava em primeiro lugar.

A obrigatoriedade de o examinando escrever uma redação argumentativo-dissertativa ficou estabelecida nas instruções: "apresentar explicitamente um ponto de vista, fundamentado em, no mínimo, dois argumentos".

Outros pontos que merecem destaque são os que dizem respeito aos critérios que orientaram a avaliação da redação, fornecidos pela equipe pedagógica que formulou a prova, apresentando o tema redes sociais. Obviamente, esses critérios foram publicados no *site* da universidade depois da aplicação do exame.

Observe, a seguir, os critérios mencionados:

Adequação ao tema: abordar o tema em foco: *Liberdade de expressão nas redes sociais.*

Adequação ao gênero: revelar, de modo facilmente depreensível, a intenção comunicativa determinada: assumir um posicionamento em relação à liberdade de expressão nas redes sociais.

Apresentar argumentos consistentes e estratégias de convencimento os quais atendam à intenção comunicativa.

Manter, ao longo do texto e de modo facilmente depreensível, a orientação argumentativa eleita.

Atender às configurações estilístico-composicionais mais frequentes do gênero (elementos paratextuais – como título – e textuais propriamente ditos).

Constituição da autoria: revelar-se, na construção do texto, como um sujeito-autor que não apenas defende sua proposta/seu posicionamento como tenta convencer o interlocutor. Gerenciar, de forma bem articulada, a inserção de todas as vozes alheias

Adequação à modalidade escrita padrão: usar, de modo excelente, os recursos linguísticos (em âmbito ortográfico, morfológico, sintático, semântico, estilístico e pragmático), demonstrando competência no manejo da modalidade escrita.

Revelar domínio excelente no emprego do sistema de pontuação.

Adequar, de modo excelente, o registro de linguagem ao interlocutor, de modo a valorizar o tipo de interação estabelecido.

Controle da coesão e da coerência: utilizar-se, de modo excelente, dos mecanismos coesivos (organizadores e marcadores textuais, marcadores de responsabilidade enunciativa e conectores argumentativos propriamente ditos).

Estabelecer, de modo excelente, a progressão textual e sinalizá-la com os mecanismos linguístico-discursivos adequados.

Construir, de modo excelente, os parágrafos como unidades funcionais do texto e os períodos como unidades estruturais determinadas pelas convenções da tradição gramatical.

Redação 4

(UNIVERSIDADE FEDERAL DO PARANÁ – Setor de Educação Profissional Tecnológica/Teste de Seleção 2013)

Cada um com seus problemas

Muitos pais, com filhos de todas as idades, perguntam como fazer a criança ou o adolescente assumir suas responsabilidades. Os exemplos são os mais diferentes e a lição de casa – seja a cotidiana, seja o chamado trabalho – é a grande campeã.

A mãe de uma criança de cinco anos conta que já está desesperada porque a filha não quer saber de fazer sua lição de casa nem com ajuda. Ela já colocou a filha de castigo, já a premiou, já conversou, já fez tudo o que sabia, mas não conseguiu resultados. Vários outros pais contam situações semelhantes.

A grande pergunta de todos eles é: "O que eu posso fazer para resolver isso de vez?". Lição de casa nessa idade?! Creio não haver mesmo solução.

Outros exemplos muito citados são as pequenas tarefas domésticas que os filhos deveriam fazer, mas não fazem. Colocar a roupa suja no local adequado, arrumar a cama, guardar as roupas e os calçados que tiram e espalham pela casa, ajudar a arrumar a mesa para o jantar etc. A criançada não quer saber de trabalho. Muito menos de tarefas.

Uma mãe, muito bem-humorada, disse que ela proibiu o filho de dizer a frase "Já vou, mãe". É que sempre que ela cobrava o filho para que fizesse o combinado ela ouvia a tal frase, agora vetada.

Por fim, a escola e o resultado das avaliações. Todos os pais que me escreveram disseram que os filhos não gostam de estudar, que não se preocupam com as notas baixas, tampouco com o risco de retenção ou de mudança de escola. Nem as ameaças funcionam, contam os pais. Nem mesmo prêmio em dinheiro, que os mais novos gostam tanto de ter, dá resultado. [...]

(Rosely Sayão. *Cada um com seus problemas.* Disponível em: ‹www.folhaonline.com.br›. Acesso em: 30 out. 2012)

No trecho acima, a psicóloga Rosely Sayão apresenta o problema da falta de responsabilidade dos jovens em relação às tarefas domésticas e escolares. Considerando as situações descritas, escreva um texto apresentando uma estratégia para fazer com que crianças e adolescentes cumpram suas tarefas diárias sem precisar que os pais fiquem cobrando o tempo todo.

Seu texto deve:

- levar em conta as situações expostas no texto para descrever sua estratégia;
- apresentar as vantagens do método proposto por você em relação aos métodos apresentados no texto;
- ter de 9 a 12 linhas.

Comentários sobre a prova:

Os textos motivadores podem servir para dar muitas ideias ao candidato. É importante reforçar que jamais devem ser copiados. A tese a ser defendida já está presente orientação sobre como o texto deve ser "estratégia para fazer com que crianças e adolescentes cumpram suas tarefas diárias sem precisar que os pais fiquem cobrando o tempo todo". Esses textos motivadores servem para orientar os argumentos para o desenvolvimento, desde que sejam parafraseados, e não plagiados.

Essa proposta de redação foi muito bem elaborada pela equipe pedagógica, uma vez que introduziu um assunto para ser inteiramente desenvolvido pelo examinando. Na verdade, já que a maioria dos estudantes que tentam ingressar nas universidades públicas são muito jovens, e ainda não têm filhos, o "espelho" para a elaboração do texto estaria mais nas atitudes que eles próprios têm, e não no comportamento de crianças.

Um vestibulando poderia ter sugerido premiações, mas não poderia deixar de considerar a primeira mãe mencionada, que fez de tudo, inclusive premiar. O último pai entrevistado também faz o comentário que "Nem mesmo prêmio em dinheiro, que os mais novos gostam tanto de ter, dá resultado".

Repare que nas orientações os examinadores deram a dica: "levar em conta as situações expostas no texto para descrever sua estratégia".

Atente para a obrigatoriedade do título e dos "padrões da modalidade escrita da língua", ou seja, ortografia, concordância, regência etc.

Nas dissertações argumentativas com temas abertos, não há prévia apresentação de tese. O candidato deve escolher sua própria tese, baseada em suas opiniões e seu ponto de vista. Dentre os argumentos usados para defender sua tese, podem ser usados argumentos próprios ou retirados dos textos motivadores.

Redação 5

(POLÍCIA MILITAR/SP – SOLDADO PM DE 2ª CLASSE – MASCULINO E FEMININO – VUNESP – 2013)

Leia os textos.

TEXTO 1

O sonho de consumo dos brasileiros está em aparelhos que proporcionem o acesso à tecnologia e um pouco de conforto. A conclusão é de uma pesquisa que analisa o que os brasileiros mais gostariam de comprar.

Quando o desejo é pessoal, nada como estar conectado: 37 milhões de brasileiros querem um celular. Já quando a necessidade é coletiva e a vontade é familiar, o maior desejo de consumo é uma máquina de lavar. O eletrodoméstico é o objeto de desejo número um para quase 13,5 milhões de famílias brasileiras.

Depois da máquina de lavar roupa (23,5%), os sonhos de consumo são geladeira (21,4%) e fogão (0,9%). "Isso é realização de uma necessidade e de uma vontade e também tem a ver com conforto: ter carro para não andar de ônibus, ter um eletrodoméstico para não lavar roupa no tanque e assim por diante. Isso é importante, é qualidade de vida."

(Disponível em: ‹http://g1.globo.com/jornal-hoje›. Acesso em: 9-5-2012)

TEXTO 2

Estudo recém divulgado pela Universidade da Califórnia em Irvine, nos Estados Unidos, concluiu que profissionais que não olham a caixa de e-mails regularmente no trabalho são menos estressados e mais produtivos.

A professora universitária Gloria Mark, autora do estudo ao lado de pesquisadores do Exército americano, sugere tirar "férias do correio eletrônico". "Descobrimos que, depois de cinco dias longe do e-mail, os níveis de estresse das pessoas caíram em comparação com o período em que elas estavam conectadas."

Em novembro de 2011, reportagem publicada pela Folha apontou que o avanço tecnológico, combinado com o crescimento econômico, contribuiu para aumentar o número de horas que um profissional passa trabalhando, sem representar, no entanto, aumento de salário.

Segundo pesquisa da Asap, consultoria de recrutamento de executivos, 7 em cada 10 profissionais declararam ter aumentado o tempo que passam no escritório, o que parece contribuir para elevar o estresse.

A jornada estendida por meio de ferramentas de comunicação instantânea, muitas das quais em plataformas móveis, é fonte de reclamações dos executivos.

Para especialistas, os "facilitadores de comunicação" podem ser encarados como "uma cilada", ao passo que é mais difícil ficar desconectado.

(*Folha de São Paulo, 6-5-2012.* Com adaptações)

A partir da leitura dos textos, escreva um texto dissertativo, na norma culta da língua portuguesa, expressando sua opinião a respeito do tema:

A presença da tecnologia no cotidiano dos brasileiros

Dê um título a seu texto.

Comentários sobre a prova:

Pede-se que se escreva um texto dissertativo expressando sua opinião, ou seja, um texto dissertativo opinativo ou argumentativo. Os textos motivadores falam sobre o desejo do brasileiro de comprar celulares e máquinas de lavar, e sobre o estresse gerado pela internet aos americanos e depois aos brasileiros. Como o tema é aberto, o candidato pode defender qualquer posição, tomar uma das posições apresentadas nos textos motivadores (a tecnologia traz conforto e qualidade de vida ou a tecnologia traz estresse) ou então apresentar as duas posições opostas, que na verdade não são excludentes, começando com uma introdução por divisão, que seria bem empregada neste último caso.

Redação 6

(FGV – ASSEMBLEIA LEGISLATIVA DO ESTADO DO MARANHÃO – TÉCNICO EM ILUMINAÇÃO – 2013)

Uma alimentação saudável parece ser o tema do momento: vários artigos em seções especializadas aconselham os consumidores a consumir ou recusar determinados alimentos em função dos benefícios ou prejuízos que podem trazer à saúde. A obesidade é vista como o pecado do momento e muitos incluem, entre os mais graves, o pecado da gula.

Afinal, como deve ser a nossa alimentação e o que deve estar presente em nossas refeições? Podemos comer qualquer coisa, desde que em quantidades mais discretas? Como devemos nos educar para a alimentação com saúde? Sobre o tema, redija um texto no qual você deve expor suas ideias de forma clara, coerente e em conformidade com a norma culta, justificando seus pontos de vista com argumentos convincentes.

Atenção!

A folha a seguir deve ser usada como rascunho.

Transcreva seu texto no local apropriado da folha de texto definitivo, pois não será avaliado o texto escrito em local indevido.

Seu texto deve ter no mínimo 20 (vinte) e no máximo, 30 (trinta) linhas.

Na folha de texto definitivo não se identifique, pois isso pode anular sua prova.

Comentários sobre a prova:

Há uma tese implícita norteadora de que a alimentação saudável é essencial para a manutenção da boa saúde, mas o candidato não precisaria ficar preso a ela. As perguntas feitas no segundo parágrafo do texto podem levar a diferentes caminhos. Elas podem e devem ser respondidas durante o desenvolvimento. Alguns elementos que podem estar presentes no texto são os problemas de saúde decorrentes da obesidade e da má alimentação, as diferenças de metabolismos de pessoa para pessoa, as diferenças entre quantidade e qualidade da alimentação, as contradições entre especialistas sobre alimentos que fazem mal ou bem, ou ainda alimentos que entram e saem das listas dos que fazem mal, como ovo, café, condimentos etc.

Redação 7

(TRIBUNAL REGIONAL DO TRABALHO DA 10ª REGIÃO – TÉCNICO JUDICIÁRIO – CESPE/UnB – 2013)

Nesta prova, faça o que se pede, usando, caso deseje, o espaço para rascunho indicado no presente caderno. Em seguida, transcreva o texto para a FOLHA DE TEXTO DEFINITIVO DA PROVA DISCURSIVA, no local apropriado, pois não serão avaliados fragmentos de texto escritos em locais indevidos.

- Qualquer fragmento de texto que ultrapassar a extensão máxima de linhas disponibilizadas será desconsiderado.
- Na folha de texto definitivo, identifique-se apenas na primeira página, pois não será avaliado texto que tenha qualquer assinatura ou marca identificadora fora do local apropriado.
- Ao domínio do conteúdo serão atribuídos até 10,00 pontos, dos quais até 0,50 ponto será atribuído ao quesito apresentação e estrutura textual (legibilidade, respeito às margens e indicação de parágrafos).

O primeiro princípio para o bom atendimento, o foco no cliente, postula que é necessário que o usuário fique satisfeito com a qualidade dos serviços prestados. A precariedade dos serviços públicos provoca barreiras ao crescimento do país. Consciente disso, o governo vem desenvolvendo ações a fim de operar mudanças profundas no sistema gerencial e na cultura corporativa por meio da importação de diretrizes da gestão da qualidade total, sempre com o propósito de melhorar a satisfação dos usuários com a qualidade dos serviços públicos.

Considerando que o fragmento de texto acima tem caráter unicamente motivador, redija um texto dissertativo acerca da excelência nos serviços públicos. Ao elaborar seu texto, atenda, necessariamente, ao que se pede a seguir.

- Apresente os fatores que interferem na qualidade da prestação de serviços públicos à população. [valor: 3,50 pontos]
- Indique as dimensões da qualidade que podem ser percebidas pelos usuários dos serviços públicos. [valor: 2,50 pontos]
- Proponha ações para a melhoria na prestação de serviços pela administração pública. [valor: 3,50 pontos]

Comentários sobre a prova:

Neste caso específico, a apresentação dos fatores que interferem na qualidade da prestação de serviços e as dimensões da qualidade deveriam ser apresentadas no desenvolvimento, e a proposta de ações para a melhoria na prestação de serviços na conclusão que, neste caso, seria maior que numa dissertação tradicional, já que a proposta de solução é uma exigência da prova.

Redação 8

(CESPE/UnB – PREVIC – 2011)

- Nesta prova, faça o que se pede, usando o espaço para rascunho indicado no presente caderno. Em seguida, transcreva o texto para a FOLHA DE TEXTO DEFINITIVO DA PROVA DISCURSIVA, no local apropriado, pois não serão avaliados fragmentos de texto escritos em locais indevidos.
- Qualquer fragmento de texto além da extensão máxima de linhas disponibilizadas será desconsiderado.
- Na folha de texto definitivo, identifique-se apenas no cabeçalho da primeira página, pois não será avaliado texto que tenha qualquer assinatura ou marca identificadora fora do local apropriado.

Abel, portador de deficiência física, teve seu primeiro vínculo laboral quando ingressou no serviço público, em janeiro de 2010, no cargo de técnico administrativo do Ministério da Previdência Social, provido mediante concurso público. À época Abel tinha 21 anos de idade.

A partir dessa situação hipotética, redija um texto dissertativo a respeito dos direitos e deveres dos servidores públicos. Em seu texto, aborde, necessariamente, os seguintes aspectos:

– concessão de horário especial ao servidor portador de deficiência, quando comprovada a necessidade por junta médica oficial;

– possibilidade de ser concedido a servidor afastamento, durante o estágio probatório, para participar de programa de mestrado e requisitos legais desse afastamento;

– possibilidade de adoção de requisitos e critérios diferenciados para a concessão de aposentadoria a Abel.

Comentários sobre a prova:

Por se tratar de uma prova para a Superintendência Nacional de Previdência Complementar, exigiam-se do candidato alguns conhecimentos jurídicos. Fora o conteúdo, o formato do texto é o mesmo dos demais concursos. Uma redação dissertativa, em que se defenderá o direito ou a ausência de direito de um servidor com deficiência ter um horário especial, ou um de um servidor em estágio probatório ter um afastamento para cursar mestrado. A tese será "ter direito" ou "não ter direito", os argumentos serão a lei.

Redação 9

(MINISTÉRIO DA JUSTIÇA/DEPARTAMENTO DE POLÍCIA FEDERAL – AGENTE DE POLÍCIA FEDERAL – CESPE/UnB – 2012)

Nesta prova, faça o que se pede, usando o espaço para rascunho indicado no presente caderno. Em seguida, transcreva o texto para a FOLHA DE TEXTO DEFINITIVO DA PROVA DISCURSIVA, no local apropriado, pois não serão avaliados fragmentos de texto escritos em locais indevidos.

- Qualquer fragmento de texto que ultrapassar a extensão máxima de linhas disponibilizadas será desconsiderado.
- Na folha de texto definitivo, identifique-se apenas na primeira página, pois não será avaliado texto que tenha qualquer assinatura ou marca identificadora fora do local apropriado.

O Departamento de Polícia Civil do Estado de São Paulo vem investigando os crimes cometidos por três pessoas, maiores e capazes, que atuam no roubo de cargas transportadas em operações interestaduais nos estados de São Paulo, Mato Grosso e Mato Grosso do Sul. As empresas transportadoras afetadas pelas ações dos criminosos são totalmente privadas, ou seja, não possuem participação financeira de nenhum ente da Federação, não havendo, portanto, em decorrência desses delitos, prejuízo patrimonial direto à União.

Em operação destinada a prender em flagrante os criminosos, apenas um deles foi preso. No momento da prisão, ele ofereceu, ao chefe da equipe policial, cem mil reais para que fosse informalmente libertado. A proposta não foi aceita, e a prisão do criminoso foi efetuada, de acordo com as formalidades legais.

Com base na situação hipotética apresentada acima, redija um texto dissertativo que responda, necessariamente e de maneira fundamentada, aos seguintes questionamentos:

- Havendo necessidade de repressão uniforme dos crimes acima mencionados, poderá o Departamento de Polícia Federal investigar os delitos contra o patrimônio (roubos)?
- Na situação considerada, a proposta feita pelo criminoso ao chefe da equipe policial configurou crime contra a administração pública? Em caso afirmativo, especifique o delito.

Comentários sobre a prova:

Note que essa redação é, na verdade, uma questão dissertativa, mas que exige conhecimentos de coesão, ortografia, acentuação, pontuação, concordância, regência e colocação, além de legislação, já que o examinando teve de responder corretamente às perguntas e ainda fundamentar com os artigos dos dispositivos legais aplicáveis ao assunto em análise.

Mesmo sabendo o artigo de lei na ponta da língua, o candidato à vaga da Polícia Federal precisou esclarecer fatos para demonstrar que, na situação na qual o criminoso ofereceu cem mil reais ao chefe da equipe policial, a configuração do crime teria de levar em consideração também a conduta do policial, que não aceitou, mas manteve as formalidades e conduziu o criminoso à autoridade competente.

A dissertação argumentativa é o tipo de texto mais solicitado em concursos e vestibulares. Até mesmo nas questões subjetivas, o candidato precisará redigir alguma parte que não seja somente o artigo da lei, ou seja, a argumentação estará presente.

A capacidade de síntese do candidato também era solicitada nessa parte da prova, uma vez que a banca deixou claro que o "texto que ultrapassar a extensão máxima de linhas disponibilizadas será desconsiderado".

Redação 10

(TRIBUNAL REGIONAL DO TRABALHO DA 10ª REGIÃO – TÉCNICO JUDICIÁRIO – CESPE/UnB – 2013)

PROVA DISCURSIVA

- Nesta prova, faça o que se pede, usando, caso deseje, o espaço para rascunho indicado no presente caderno. Em seguida, transcreva o texto para a FOLHA DE TEXTO DEFINITIVO DA PROVA DISCURSIVA, no local apropriado, pois não serão avaliados fragmentos de texto escritos em locais indevidos.
- Qualquer fragmento de texto que ultrapassar a extensão máxima de linhas disponibilizadas será desconsiderado.
- Na folha de texto definitivo, identifique-se apenas na primeira página, pois não será avaliado texto que tenha qualquer assinatura ou marca identificadora fora do local apropriado.
- Ao domínio do conteúdo serão atribuídos até 10,00 pontos, dos quais até 0,50 ponto será atribuído ao quesito apresentação e estrutura textual (legibilidade, respeito às margens e indicação de parágrafos).

A Constituição Federal de 1988 elenca os princípios inerentes à administração pública, cuja função é a de dar unidade e coerência ao direito administrativo, controlando as atividades administrativas de todos os entes que integram a federação brasileira (União, Estados,

Distrito Federal e municípios). Esses princípios devem ser seguidos rigorosamente pelos agentes públicos, sob pena de estes praticarem atos inválidos e exporem-se à responsabilidade disciplinar civil ou criminal, a depender do caso.

Considerando que o fragmento de texto acima tem caráter unicamente motivador, redija um texto dissertativo acerca do seguinte tema:

PRINCÍPIOS CONSTITUCIONAIS EXPRESSOS DA ADMINISTRAÇÃO PÚBLICA

Ao elaborar seu texto, faça, necessariamente, o que se pede a seguir.

- Nomine os princípios constitucionais expressos da administração pública. [valor: 3,50 pontos]
- Descreva o significado de cada um dos referidos princípios constitucionais. [valor: 6,00 pontos]

Comentários sobre a prova:

No concurso para o Tribunal Regional do Trabalho, o candidato deve ter sentido na própria pele pelo que passa um escritor na hora de elaborar um capítulo de um livro. Além da necessidade de o examinando reunir conhecimentos de direito administrativo com uma certa profundidade, já que teria de abordar a parte da Constituição Federal que trata dos princípios inerentes à Administração Pública, ainda precisaria de bons conhecimentos de argumentação e de exposição de dispositivos legais, além de técnicas de dissertação.

A organização das ideias teria de ser excelente, uma vez que os principais princípios, a saber, legalidade, impessoalidade, moralidade, publicidade e eficiência, precisavam ser conceituados antes da construção de um texto que pudesse ser compreendido facilmente pelos examinadores

Na verdade, os princípios fundamentais da boa redação, ou seja, a objetividade, clareza, fundamentação e precisão da linguagem eram conhecimentos que o candidato necessariamente teria de reunir para a produção de uma descrição em conformidade com o que a banca esperava.

Redação 11

(CONSELHO NACIONAL DE JUSTIÇA – TÉCNICO JUDICIÁRIO/ÁREA ADMINISTRATIVA – **CESPE/UnB – 2013)**

PROVA DISCURSIVA

- Nesta prova, faça o que se pede, usando, caso deseje, o espaço para rascunho indicado no presente caderno. Em seguida, transcreva o texto para a FOLHA DE TEXTO DEFINITIVO DA PROVA DISCURSIVA, no local apropriado, pois não será avaliado fragmento de texto escrito em local indevido.
- Quaisquer fragmentos de textos além da extensão máxima de linhas disponibilizadas serão desconsiderados.
- Na folha de texto definitivo, identifique-se apenas no cabeçalho da primeira página, pois não será avaliado texto que tenha qualquer assinatura ou marca identificadora fora do local apropriado.
- Ao domínio do conteúdo da dissertação serão atribuídos até 40,00 pontos, dos quais até 2,00 pontos serão atribuídos ao quesito apresentação e estrutura textual (legibilidade, respeito às margens e indicação de parágrafos).

DISSERTAÇÃO

A lei não é capaz de traçar rigidamente todas as condutas de um agente administrativo. Ainda que procure definir alguns elementos que possam restringir a atuação dos agentes, o certo é que, em várias situações, a própria lei oferece a eles a possibilidade de valoração da conduta.

Nesses casos, o agente pode avaliar a conveniência e a oportunidade dos atos que vai praticar, na qualidade de administrador dos interesses coletivos.

(José dos Santos Carvalho Filho. *Manual de Direito Administrativo.* 24. ed. Rio de Janeiro: Lumen Juris, 2011. Com adaptações)

Considerando que o fragmento de texto acima tem caráter unicamente motivador, redija um texto dissertativo a respeito de ato administrativo. Ao elaborar seu texto, aborde, necessariamente os seguintes aspectos:

- requisitos do ato administrativo; [valor: 23,00 pontos]
- atributos do ato administrativo. [valor: 15,00 pontos]

Comentários sobre a prova:

Em primeiro lugar, é importante mencionarmos que o Centro de Seleção e de Promoção de Eventos da Universidade de Brasília (CESPE/UnB) comunicou que, na correção das provas discursivas, em atendimento ao que está estabelecido no Decreto nº 6.583, de 29 de setembro de 2008, alterado pelo Decreto nº 7.875, de 27 de dezembro de 2012, seriam aceitas como corretas, até 31 de dezembro de 2015, ambas as ortografias, isto é, a forma de grafar e de acentuar as palavras vigente até 31 de dezembro de 2008 e a que teria entrado em vigor em 1º de janeiro de 2009.

O candidato precisava ter se utilizado do texto somente para referência, mas o foco deveria estar na conveniência e oportunidade do ato administrativo.

Trata-se de uma redação na qual o passo a passo analisado nesta obra tinha total cabimento. Isto é, a estruturação do texto precisava de planejamento para a introdução, que por sua vez seria seguida do desenvolvimento, para o qual o candidato deveria reunir amplos conhecimentos de direito administrativo, de modo a argumentar corretamente, organizando as ideias de forma coesa, até chegar à etapa da conclusão, para a qual a necessidade de um fechamento coerente com o que havia sido exposto era imperativa.

Redação: **Vestibular Unicamp 2010**

ORIENTAÇÃO GERAL: LEIA ATENTAMENTE

O tema geral da prova da primeira fase é **Gerações**. A redação propõe três recortes desse tema.

Propostas:

Cada proposta apresenta um recorte temático a ser trabalhado de acordo com as instruções específicas.

Escolha uma das três propostas para a redação (dissertação, narração ou carta) e assinale sua escolha no alto da página de resposta.

Coletânea:

A coletânea é única e válida para as três propostas. Leia toda a coletânea e selecione o que julgar pertinente para a realização da proposta escolhida. Articule os elementos selecionados com sua experiência de leitura e reflexão. **O uso da coletânea é obrigatório.**

ATENÇÃO – sua redação **será anulada** se você desconsiderar a **coletânea** ou fugir ao **recorte temático** ou não atender ao **tipo de texto** da proposta escolhida.

APRESENTAÇÃO DA COLETÂNEA

Em toda sociedade convivem gerações diversas, que se relacionam de formas distintas, exigindo de todos o exercício contínuo de lidar com a diferença.

1) 

2) Para o sociólogo húngaro Karl Mannheim, a geração consiste em um grupo de pessoas nascidas na mesma época, que viveram os mesmos acontecimentos sociais durante a sua formação e crescimento e que partilham a mesma experiência histórica, sendo esta significativa para todo o grupo. Estes fatores dão origem a uma consciência comum, que permanece ao longo do respectivo curso de vida. A interação de uma geração mais nova com as precedentes origina tensões potencializa-

doras de mudança social. O conceito que aqui está patente atribui à geração uma forte identidade histórica, visível quando nos referimos, por exemplo, à "geração do pós-guerra".

O conceito de "geração" impõe a consideração da complexidade dos fatores de estratificação social e da convergência sincrônica de todos eles; a geração não dilui os efeitos de classe, de gênero ou de raça na caracterização das posições sociais, mas conjuga-se com eles, numa relação que não é meramente aditiva nem complementar, antes se exerce na sua especificidade, ativando ou desativando parcialmente esses efeitos. (Adaptado de Manuel Jacinto Sarmento, Gerações e alteridade: interrogações a partir da sociologia da infância. *Educação e Sociedade*, Campinas, vol. 26, n. 91, p. 361-378, Maio/Ago. 2005. Disponível em: <http://www.cedes.unicamp.br>)

3) A partir do advento do computador, as empresas se reorganizaram rapidamente nos moldes exigidos por essa nova ferramenta de gestão. As organizações procuraram avidamente os "quadros técnicos" e os encontraram na quantidade demandada. Os primeiros quadros "bem formados" tiveram em geral carreiras fulminantes. Suas trajetórias pessoais foram tomadas como referência pelos executivos mais jovens. Aqueles "grandes executivos" foram considerados portadores de uma "visão de conjunto" dos problemas empresariais, que os colocava no campo superior da "administração estratégica", enquanto o principal atributo da nova geração passa a ser a contemporaneidade tecnológica. Os constrangimentos advindos do choque geracional encarregaram-se de fazer esses "jovens" encarnarem essa característica, dando a esse trunfo a maior rentabilidade possível. Assim, exacerbaram-se as diferenças entre os recém-chegados e os antigos ocupantes dos cargos. No plano simbólico, toda a ética construída nas carreiras autodidatas é posta em xeque no conflito que opõe a técnica dos novos executivos contra a lealdade dos antigos funcionários que, no mais das vezes, perdem até a capacidade de expressar o seu descontentamento, tamanha é a violência simbólica posta em marcha no processo, que não se trava simplesmente em cada ambiente organizacional isolado, mas se generaliza. (Adaptado de

Roberto Grün, *Conflitos de geração e competição no mundo do trabalho. Cadernos Pagu*. Campinas, vol. 13, p. 63-107, 1999.)

4) Ao longo da década de 1990, a renda das famílias brasileiras com filhos pequenos deteriorou-se com relação à das famílias de idosos. Ao mesmo tempo, há crescentes evidências de que os idosos aumentaram sua responsabilidade pela provisão econômica de seus filhos adultos e netos. (Ana Maria Goldani, *Relações intergeracionais e reconstrução do estado de bem-estar. Por que se deve repensar essa relação para o Brasil,* p. 211. Disponível em: <http://www.abep.nepo.unicamp.br/docs/PopPobreza/GoldaniAnaMariaCapitulo7.pdf>)

5) As relações intergeracionais permitem a transformação e a reconstrução da tradição no espaço dos grupos sociais. A transmissão dos saberes não é linear; ambas as gerações possuem sabedorias que podem ser desconhecidas para a outra geração, e a troca de saberes possibilita vivenciar diversos modos de pensar, de agir e de sentir, e assim, renovar as opiniões e visões acerca do mundo e das pessoas. As gerações se renovam e se transformam reciprocamente, em um movimento constante de construção e desconstrução. (Maria Clotilde B. N. M. de Carvalho. *Diálogo intergeracional entre idosos e crianças.* Rio de Janeiro. PUC-RJ, 2007, p. 52. Com adaptações)

6)

<http://humornainformatica.blogspot.com/2008/05/videogame-para-terceira-idade.html>

PROPOSTA A

Leia a coletânea e elabore sua dissertação a partir do seguinte recorte temático:

A relação entre gerações é frequentemente caracterizada pelo conflito. Entretanto, há outras formas de relacionamento que podem ganhar novos contornos em decorrência de mudanças sociais, tecnológicas, políticas e culturais.

Instruções:

1. Discuta formas pelas quais se estabelecem as relações entre as gerações.
2. Argumente no sentido de mostrar que essas diferentes formas coexistem.
3. Trabalhe seus argumentos de modo a sustentar seu ponto de vista.

PROPOSTA B

Leia a coletânea e elabore sua narrativa a partir do seguinte recorte temático:

O convívio entre gerações tem lugar privilegiado no ambiente familiar.

Instruções:

1. Imagine uma personagem jovem que vai estudar em outra cidade e passa a morar com os avós.
2. Narre o(s) conflito(s) da personagem, dividida entre os sentimentos em relação aos avós e as dificuldades de convívio com essa outra geração.
3. Sua história pode ser narrada em primeira ou terceira pessoa.

PROPOSTA C

Leia a coletânea e elabore sua carta a partir do seguinte recorte temático:

As diferenças entre gerações são percebidas também no plano institucional como, por exemplo, no ambiente de trabalho.

Instruções:

1. Coloque-se na posição de um gerente, recém-contratado por uma empresa tradicional no mercado, que precisa convencer os acionistas da necessidade de modernizá-la.

2. Explicite as mudanças necessárias e suas implicações.

3. Dirija-se aos acionistas por meio de uma carta em que defenda seu ponto de vista.

Obs.: Ao assinar a carta, use apenas suas iniciais, de modo a não se identificar.

Prova de Redação do Vestibular Unicamp 2012

TEXTO 1

Imagine que, ao navegar em uma página da internet especializada em orientação vocacional, você encontra um **fórum** criado por **concluintes do Ensino Médio** para discutir o que leva uma pessoa a investir na profissão de cientista. Um dos participantes do fórum, que se autonomeia *Estudante Paulista*, postou o **gráfico** reproduzido abaixo e escreveu o seguinte comentário:

Às 15h42, *Estudante Paulista* escreveu:

Vejam este gráfico! Ele mostra o resultado de uma pesquisa sobre o interesse de estudantes de vários lugares do mundo pela carreira científica. Vocês não acham que essa pesquisa reflete muito bem a realidade? Eu, por exemplo, sempre morei em São Paulo e nunca pensei em ser cientista!

Você decide, então, participar da **discussão**, postando um **comentário** sobre a mesma pesquisa, **em resposta** à pessoa que assina como *Estudante Paulista*. No comentário, você deverá:

- fazer uma análise do gráfico, sugerindo o que pode ser concluído a partir dos resultados da pesquisa;
- posicionar-se frente à opinião do *Estudante Paulista*, levando em conta a análise que você fez do gráfico.

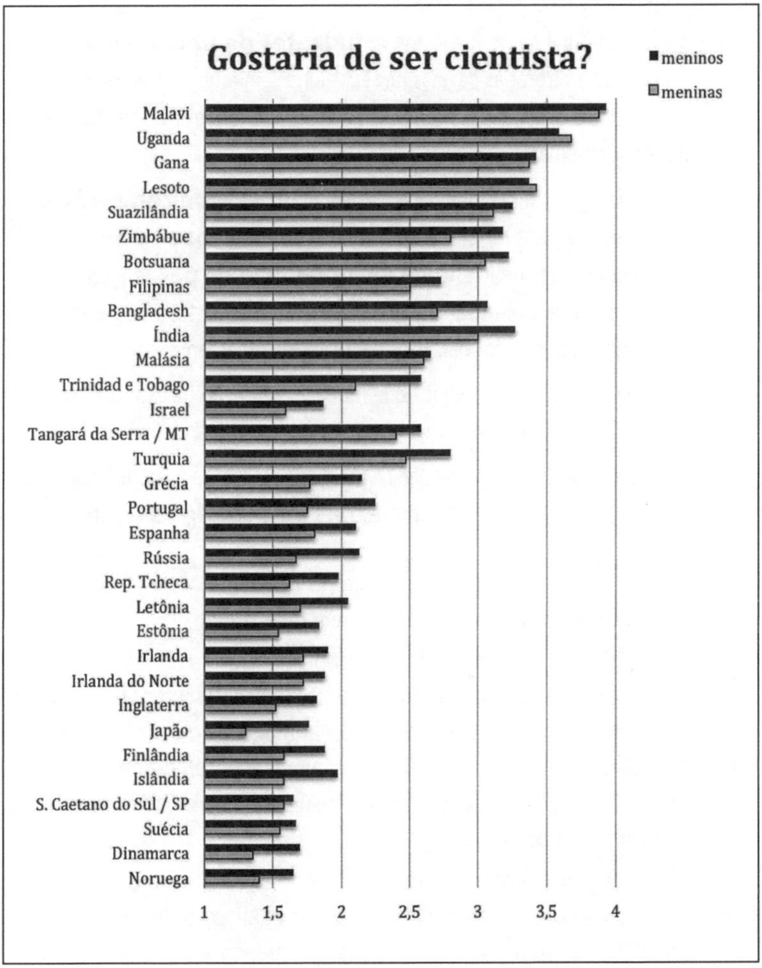

Respostas de estudantes de vários países à pergunta "Gostaria de ser cientista?", apresentadas em escala de 1 a 4. Quanto maior o número, maior a quantidade de respostas positivas. Em destaque, os índices dos municípios brasileiros de Tangará da Serra (MT) e São Caetano do Sul (SP).

(Ciência Hoje, n. 282, vol. 47, jun. 2011, p. 59. Com adaptações)

TEXTO 2

Coloque-se no lugar dos **estudantes de uma escola** que passou a monitorar as páginas de seus alunos em redes sociais da internet (como o Orkut, o Facebook e o Twitter), após um evento similar aos relatados na matéria reproduzida abaixo.

Em função da polêmica provocada pelo **monitoramento**, você resolve escrever um **manifesto** e recebe o apoio de vários colegas. Juntos, decidem lê-lo na próxima **reunião de pais e professores com a direção da escola**. Nesse manifesto, a ser redigido na modalidade oral formal, você deverá necessariamente:

- explicitar o evento que motivou a direção da escola a fazer o monitoramento;
- declarar e sustentar o que você e seus colegas defendem, convocando pais, professores e alunos a agir em conformidade com o proposto no documento.

Escolas monitoram o que aluno faz em rede social

Durante uma aula vaga em uma escola da Grande São Paulo, os alunos decidiram tirar fotos deitados em colchonetes deixados no pátio para a aula de educação física. Um deles colocou uma imagem no Facebook com uma legenda irônica, em que dizia: vejam as aulas que temos na escola. Uma professora viu a foto e avisou a diretora. Resultado: o aluno teve de apagá-la e todos levaram uma bronca.

O caso é um exemplo da luta que as escolas têm travado com os alunos por conta do uso das redes sociais. Assuntos relativos à imagem do colégio, casos de *bullying* virtual e até mensagens em que, para a escola, os alunos se expõem demais, estão tendo de ser apagados e podem acabar em punição. Em outra instituição, contam os alunos, um casal foi suspenso depois de a menina pôr no Orkut uma foto deles se beijando nas dependências da escola.

As escolas não comentaram os casos. Uma delas diz que só pediu para apagar a foto porque houve um "tom ofensivo". Como outras escolas consultadas, nega que monitore o que os alunos publicam nos sites.

Exercícios – Como professores e alunos são "amigos" nas redes sociais, a escola tem acesso imediato às publicações.

Foi o que aconteceu com um aluno do ABC paulista. Um professor soube da página que esse aluno criou com amigos no Orkut. Nela, resolviam exercícios de geografia – cujas respostas acabaram copiadas por colegas. O aluno teve de tirá-la do ar.

O caso é parecido com o de uma aluna de 15 anos do Rio de Janeiro obrigada a apagar uma comunidade criada por ela no Facebook para a troca de respostas de exercícios. Ela foi suspensa. Já o aluno do ABC paulista não sofreu punição e o assunto *ética na internet* passou a ser debatido em aula.

Transformar o problema em tema de discussão para as aulas é considerado o ideal por educadores. "A atitude da escola não pode ser policialesca, tem que ser preventiva e negociadora no sentido de formar consciência crítica", diz Sílvia Colello, professora de pedagogia da USP.

(Talita Bedinelli & Fabiana Rewald, *Folha de S. Paulo, 19-6-2011. Com adaptações)*

TEXTO 3

Imagine-se na posição de um **leigo em informática** que, ao ler a matéria *Cabeça nas nuvens*, reproduzida abaixo, decide buscar informações sobre o que chamam de ***computação em nuvem***. Após conversar com usuários de computador e ler vários textos sobre o assunto (alguns dos quais reproduzidos abaixo em I, II e III), você conclui que o conceito é pouco conhecido e resolve elaborar um **verbete** para explicá-lo. Nesse verbete, que será publicado em uma **enciclopédia *on-line*** destinada a **pessoas que não são especializadas em informática**, você deverá:

- definir *computação em nuvem*, fornecendo dois exemplos para mostrar que ela já está presente em atividades realizadas cotidianamente pela maioria dos usuários de computador;

- apresentar uma vantagem e uma desvantagem que a aplicação da *computação em nuvem* poderá ter em um futuro próximo.

Cabeça nas nuvens

Quando foi convidado para participar da feira de educação da Microsoft, Diogo Machado já sabia que projeto desenvolver. O estagiário de informática da Escola Estadual Professor Francisco Coelho Ávila Júnior, em Cachoeiro de Itapemirim (ES), estava cansado de ouvir reclamações de alunos que perdiam arquivos no computador. Decidiu criar um sistema para salvar trabalhos na própria internet, como ele já fazia com seus códigos de programação. Dessa forma, se o computador desse pau, o conteúdo ficaria seguro e poderia ser acessado de qualquer máquina. A ideia do recém-formado técnico em informática se baseava em *clouding computing* (ou *computação em nuvem*), tecnologia que é a aposta de gigantes como Apple e Google para o armazenamento de dados no futuro.

Em três meses, Diogo desenvolveu o *Escola na nuvem* (escolananuvem.com.br), um portal em que estudantes e professores se cadastram e podem armazenar e trocar conteúdos, como o trabalho de matemática ou os tópicos da aula anterior. As informações ficam em um disco virtual, sempre disponíveis para consulta via *web*.

(*Galileu*, n. 241, ago. 2011, São Paulo: Editora Globo, p. 79)

I

"Você quer ter uma máquina de lavar ou quer ter a roupa lavada?"

Essa pergunta resume de forma brilhante o conceito de *computação em nuvem*, que foi abordado em um documentário veiculado recentemente na TV.

(Disponível em: <http://toprenda.net/2010/04/computacao-em-nuvem--voce-ja-usa-e-nem-sabia>. Com adaptações)

II

Vamos dizer que você é o executivo de uma grande empresa. Suas responsabilidades incluem assegurar que todos os seus empregados tenham o *software* e o *hardware* de que precisam para fazer o seu trabalho. Comprar computadores para todos não é suficiente – você também tem de comprar *software* ou licenças de *software* para dar aos empregados as ferramentas que eles exigem.

Em breve, deve haver uma alternativa para executivos como você. Em vez de instalar uma suíte de aplicativos em cada computador, você só teria de carregar uma aplicação. Essa aplicação permitiria aos trabalhadores logar-se em um serviço baseado na *web* que hospeda todos os programas de que o usuário precisa para o seu trabalho. Máquinas remotas de outra empresa rodariam tudo – de *e-mail* a processador de textos e a complexos programas de análise de dados. Isso é chamado *computação em nuvem* e poderia mudar toda a indústria de computadores.

Se você tem uma conta de *e-mail* com um serviço baseado na *web*, como *Hotmail*, *Yahoo!* ou *Gmail*, então você já teve experiência com computação em nuvem. Em vez de rodar um programa de *e-mail* no seu computador, você se loga numa conta de *e-mail* remotamente pela *web*.

(Jonathan Strickland. *Como funciona a computação em nuvem*. Disponível em: <http://informatica.hsw.uol.com.br/computacao-em-nuvem.htm>. Com adaptações)

III

A simples ideia de determinadas informações ficarem armazenadas em computadores de terceiros (no caso, os fornecedores de serviço), mesmo com documentos garantindo a privacidade e o sigilo, preocupa pessoas, órgãos do governo e, principalmente, empresas. Além disso, há outras questões, como o problema da dependência de acesso à internet: o que fazer quando a conexão cair? Algumas companhias já trabalham em formas de sincronizar aplicações *off-line* com *on-line*, mas tecnologias para isso ainda precisam evoluir bastante.

(*O que é Cloud Computing?* Disponível em: <http://www.infowester.com/cloudcomputing.php>. Com adaptações)

Comentário:

Nas provas de redação do Vestibular da Unicamp há geralmente três propostas diferentes baseadas na mesma coletânea (textos motivadores). Isso é feito devido a críticas da universidade em relação aos cursos preparatórios que engessam suas aulas no trabalho da dissertação, de longe o gênero mais solicitado em concursos e vestibulares. Apesar dessa abertura nos vestibulares, nos concursos a dissertação continua sendo o gênero mais solicitado.

Na prova de 2010, com o tema Gerações, o candidato deveria se apropriar dos textos lidos para redigir uma dissertação ou uma narração, ou ainda uma carta, neste último caso, trata-se de uma carta argumentativa, isto é, um texto que traz características tanto do gênero carta quanto do gênero dissertação. Também há argumentos e pontos de vista a serem defendidos, mas, nesse caso, não se trata de um texto impessoal. Na carta argumentativa, o autor se dirige a alguém, e a presença dos vocativos é obrigatória.

A título de curiosidade, damos também a prova de redação de 2012 da Unicamp, que, neste ano, aparentemente, excluiu a redação dissertativa argumentativa. Dizemos aparentemente porque, apesar de os gêneros solicitados – postagem de fórum, manifesto e verbete de enciclopédia – serem diferentes dos gêneros tradicionais de redação, há argumentação nos dois primeiros gêneros, e o terceiro é dissertativo expositivo. Para esse tipo de prova, o candidato precisa ser hábil em identificar diversos tipos de gêneros textuais, conhecer suas características e os traços que os aproximam e diferenciam de outros gêneros.

Bibliografia

BARRETTO, Marcus Vinícius Knupp. *Curso básico de redação e interpretação de textos*. São Paulo: OnLine Editora, 2009.

__________. *Revisão para concursos públicos*: interpretação de textos. Bauru: Edipro, 2010.

__________. *Preparatório para concursos públicos*: Língua Portuguesa. São Paulo: Atenta, 2012.

BECHARA. *Moderna gramática portuguesa*. Rio de Janeiro: Lucerna, 2006.

__________. *O que muda com o novo acordo ortográfico*. Rio de Janeiro: Nova Fronteira, 2008.

BERNARDES, João. *Concursos públicos*: redação & textos oficiais. São Paulo: Discovery, 2012.

BRASIL. *Prova Brasil*. Saeb: 2010.

__________. *Parâmetros Curriculares Nacionais*. Brasília: MEC/SEF, 1997.

CAMARGO, D. D.; MAZZAROTTO, L. F.; SOARES, A. M. H. *Manual de redação*. Guia prático da língua portuguesa. São Paulo: DCL, 2006.

CARNEIRO, Agostinho. *Pré-vestibular social*: língua portuguesa. Rio de Janeiro:

Fundação CECIERJ, 2007. v. 1.

CEGALLA, Domingos Paschoal. *Novíssima gramática da língua portuguesa*. São Paulo: Companhia Editora Nacional, 2001.

CITELLI, Adilson. *Linguagem e persuasão*. São Paulo: Ática, 2006.

CUNHA, Celso & CINTRA, Lindley. *Nova gramática do português contemporâneo*. Rio de Janeiro: Nova Fronteira, 2001.

FÁVERO, Leonor Lopes. *Coesão e coerência textuais*. São Paulo: Ática, 2004.

GARCIA, Luiz. *Manual de redação e estilo*. São Paulo: Globo, 1992.

GARCIA, Othon Moacir. *Comunicação em prosa moderna*. 21. ed. Rio de Janeiro: FGV, 2002.

KOCH, Ingendore Grunfeld Villaça. *Introdução à linguística textual*. São Paulo: Martins Fontes, 2004.

LEITÃO, Luiz Ricardo. *Redação de textos dissertativos*: ESAF. Rio de Janeiro: Editora Ferreira, 2011.

MARCUSCHI, Luiz. *Linguística do texto*: o que é e como se faz. Recife: Universidade Federal de Pernambuco, Série Debates 1, 1983.

MARTINS, Eduardo. *Manual de redação e estilo*. São Paulo: O Estado de S. Paulo, 1997.

PLANTIN, Christian. *A argumentação*: história, teoria, perspectivas. São Paulo: Parábola Editorial, 2008.

PLATÃO & FIORIN. *Lições de texto*: leitura e redação. São Paulo: Ática, 1996.

ROCHA LIMA, Carlos Henrique da. *Gramática normativa da língua portuguesa*. Rio de Janeiro: José Olympio, 2008.

SANTOS, Leonor Werneck. *Articulação textual na literatura infanto-juvenil*. Lucerna: Rio de Janeiro, 2003.

SILVA, Marcelo de Jesus. *60 minutos de pânico e desespero*. Rio de Janeiro: MPA, 1998.

SILVA, Rita de Cássia da Cruz. *Redação para concursos e vestibulares*. São Paulo: Digerati, 2008.

TUFANO, Douglas. *Estudo da língua portuguesa*. Gramática. São Paulo: Moderna, 1990.